基层应急管理的差异性研究

孙 雪／著

吉林大学出版社
·长春·

图书在版编目（CIP）数据

基层应急管理的差异性研究 / 孙雪著. -- 长春：吉林大学出版社，2023.7
ISBN 978-7-5768-1884-0

Ⅰ.①基… Ⅱ.①孙… Ⅲ.①危机管理 Ⅳ.①C934

中国国家版本馆CIP数据核字(2023)第135184号

书　　　名：	基层应急管理的差异性研究

JICENG YINGJI GUANLI DE CHAYIXING YANJIU

作　　　者：	孙　雪
策划编辑：	黄国彬
责任编辑：	王寒冰
责任校对：	甄志忠
装帧设计：	刘　丹
出版发行：	吉林大学出版社
社　　　址：	长春市人民大街4059号
邮政编码：	130021
发行电话：	0431-89580028/29/21
网　　　址：	http://www.jlup.com.cn
电子邮箱：	jldxcbs@sina.com
印　　　刷：	天津鑫恒彩印刷有限公司
开　　　本：	787mm×1092mm　1/16
印　　　张：	10.5
字　　　数：	170千字
版　　　次：	2024年3月　第1版
印　　　次：	2024年3月　第1次
书　　　号：	ISBN 978-7-5768-1884-0
定　　　价：	58.00元

版权所有　翻印必究

序

中国共产党第二十次全国代表大会报告指出:"坚持安全第一、预防为主,建立大安全大应急框架,完善公共安全体系,推动公共安全治理模式向事前预防转型",而基层应急管理是事前预防转型的重要场域。

从价值上看,该书专门对重庆2012—2022年的基层应急管理实践进行了系统性研究,发现机构改革前基层应急管理存在的问题主要在队伍建设、基层应急预案、基层应急知识、基层应急宣教等方面,机构改革后基层应急管理存在的问题主要在基层应急管理新问题、基层应急管理沟通协调、基层应急管理的社会化、基层应急管理的文化、基层应急管理的技术问题等方面,并提出在意识上,建立基层社区应急管理的预防文化;在制度上,细化基层社区应急管理的制度体系;在行为上,提升基层社区应急管理的预防行为;在主体上,促使基层社区应急管理的多元化;在方式上,优化基层社区应急管理的方式方法,这些举措利于维护安全生产环境和安全生活环境,从而为更好实现西部大开发的重要战略支点、"一带一路"和长江经济带的联结点、建设内陆开放高地、山清水秀美丽之地,努力推动高质量发展、创造高品质生活等战略发展提供安全保障,更好助力统筹安全与发展。

从内容上看,以2018年机构改革为时间节点,对重庆应急管理机构改革前后的实践进行学理分析,在机构改革前,立足重庆基层应急管理规范化建设、三年基层应急管理轮训、实施风险管理等实践,机构改革后立足基层应急管理的"五有八化"("有机构、有人员、有条件、有能力、有规则",围绕机构设置、职能职责、人员配备、设施装备、执法检查、监管监控、工作制度、救援队伍）、基层企业"两单两卡""周末大讲堂"等实践，梳理总结出重庆基层应急管理的治理方式网格化、治理内容项目化、治理工具智能化、治理主体多元化、发展的标准化等实践特点，并梳理出重庆基层应急管理在规范化建设、基层安全生产监管、基层应急知识宣传教育培训等方面的实践经验。

从逻辑上看，该书通过对基层应急管理的文献梳理进行了扎实的理论研究，并梳理总结了基层应急管理的政策形势、基层应急管理的实践特点、重庆社会组织参与应急管理、重庆基层应急管理的实践经验。通过重庆基层应急管理影响因素的实证检验，量化分析出影响基层应急管理的影响因素有意识、制度、预防行为三个，其中基层社区安全意识是内层影响因素，基层社区安全制度是中层影响因素，基层社区安全预防行为是外层影响因素。对于存在的问题的分析，主要通过调查问卷的形式，分两阶段进行，在2018年机构改革前，利用三年时间，通过基层应急管理工作人员在2013年、2014年、2015年到党校学习，累计对812名基层应急领导干部进行有效问卷调查；在2018年机构改革后，利用两年时间，在2019、2020年，累计发放调查问卷1000份，有效回收804份，通过数据，有理有据地分析了重庆基层应急管理在机构改革前后存在的不同问题，并在意识上、制度上、预防行为上、主体上、方式上针对性地提出新时代优化基层应急管理的对策建议。

李　颖

重庆市委党校教授

目 录

- 一、绪论 ·· 1
  - （一）研究问题的背景 ··· 1
  - （二）研究路线与方法 ··· 3
  - （三）研究内容 ··· 5
  - （四）研究意义与创新 ··· 6
- 二、国内外文献综述 ·· 8
  - （一）基本概念 ··· 8
  - （二）国内外文献综述 ··· 9
- 三、基层应急管理的政策与形势 ·································· 18
  - （一）基层应急管理的政策 ······································· 18
  - （二）社会组织参与应急管理的意义与政策 ················· 20
  - （三）基层应急管理的形势 ······································· 24
- 四、重庆基层应急管理的特点 ····································· 27
  - （一）治理方式网格化 ··· 27
  - （二）治理内容项目化 ··· 29
  - （三）治理工具智能化 ··· 46
  - （四）治理主体的多元化 ·· 48
  - （五）发展的标准化 ·· 50
- 五、重庆社会组织参与应急管理 ·································· 57
  - （一）社会组织参与应急管理服务的历史脉络 ············· 57
  - （二）重庆社会组织参与防灾减灾救灾的现状 ············· 60

（三）重庆社会组织参与应急管理服务的案例 …………… 61
　　（四）重庆社会组织参与防灾减灾救灾存在的问题 ………… 68
六、重庆基层应急管理的实践经验 ……………………………… 74
　　（一）应急管理机构基本情况 …………………………………… 74
　　（二）基层应急管理经验 ………………………………………… 78
　　（三）其他地方基层应急管理经验 ……………………………… 83
七、重庆基层应急管理影响因素的实证检验 …………………… 94
　　（一）思路方法 …………………………………………………… 94
　　（二）研究假设 …………………………………………………… 94
　　（四）研究结果分析 ……………………………………………… 97
　　（五）研究结论 ………………………………………………… 103
八、重庆基层应急管理的实践问题 …………………………… 105
　　（一）机构改革前基层应急管理问题 ………………………… 105
　　（二）机构改革后基层应急管理问题 ………………………… 109
九、提升基层应急管理的对策建议 …………………………… 128
　　（一）在意识上建立基层社区应急管理的预防文化 ………… 128
　　（二）在制度上细化基层社区应急管理的制度体系 ………… 137
　　（四）在主体上拓宽基层社区应急管理的多元化 …………… 141
　　（五）在方式上优化基层社区应急管理的方式方法 ………… 146
参考文献 ………………………………………………………… 149
感谢 ……………………………………………………………… 162

一、绪论

（一）研究问题的背景

中国共产党第二十次全国代表大会上的报告指出："提高公共安全治理水平。坚持安全第一、预防为主，建立大安全大应急框架，完善公共安全体系，推动公共安全治理模式向事前预防转型。"基层应急管理是事前预防转型的重要抓手。闪淳昌指出"应急管理关键在基层"[①]；习近平强调"要把基层一线作为公共安全的主战场……推广基层一线维护公共安全的好办法、好经验"[②]；《国家突发公共事件总体应急预案》指出："要加强以乡镇和社区为单位的公众应急能力建设，发挥其在应对突发公共事件中的重要作用。"基于我们国家管理体制机特点，此处的基层主要是指乡镇（街道）。基层应急管理不仅需要从实践层面进行探讨，更需要从学术角度，探寻基层应急管理的问题和对策，梳理共性问题和规律，以期对全国8925[③]个街道、29631[④]个乡镇的应急管理有所借鉴。

在国家层面，2007年国务院发布《关于加强基层应急管理工作的意见》（国办发〔2007〕52号），指出"加强基层应急管理，深入推进全国应急管理工作，是坚持以人为本、执政为民、全面履行政府职能的重要体现"。2017年1月12日国务院印发《国家突发事件应急体系建设"十三五"规划》，指出在"十三五"期间，"基层应急能力薄弱，公众参与应急管理的社会化

[①] 应急管理关键在基层（专访）.[N].《人民日报》，2007-08-09.
[②] 中共中央政治局2015年5月29日就健全公共安全体系进行第二十三次集体学习讲话.
[③] 中国统计年鉴（2022）.
[④] 中国统计年鉴（2022）.

组织程度较低，公共安全意识和自救互救能力总体薄弱"，且在"十三五"期间，主要任务就是强化基层应急管理能力。经过五年的发展，通过开展以有班子、有机制、有预案、有队伍、有物资、有培训演练等为主要内容的乡镇（街道）基层应急管理能力标准化建设带动下，基层应急管理能力不断得到提升，但我国是世界上自然灾害最为严重的国家之一，灾害种类多、分布地域广、发生频率高、造成损失重，安全生产仍处于爬坡过坎期，各类安全风险隐患交织叠加，生产安全事故仍然易发多发。加之基层风险隐患仍然突出，应急管理基础薄弱，基层应急能力薄弱，公众风险防范意识、自救互救能力不足等问题比较突出，导致基层应急管理面临许多新问题、新情况、新趋势。2021年12月30日国务院印发《"十四五"国家应急体系规划》（国发〔2021〕36号），指出"十四五"时期，"要提升基层治理能力。以网格化管理为切入点，完善基层应急管理组织体系，加强人员力量配备，厘清基层应急管理权责事项，落实基层政府及相关部门责任。加强和规范基层综合性应急救援队伍、微型消防站建设，推动设立社区、村应急服务站，培养发展基层应急管理信息员和安全生产社会监督员，建立完善'第一响应人'制度"。要实施基层应急能力提升计划，开展基层应急管理能力标准化建设，为基层应急管理工作人员配备常用应急救援装备和个体防护装备，选取条件较好的区域建设基层移动指挥中心、基层综合应急救援服务站。

在地方层面，2008年6月24日，重庆市人民政府办公厅印发《关于设立重庆市人民政府应急管理办公室的通知》（渝办发〔2008〕201号）指出：设立重庆市人民政府应急管理办公室（简称市政府应急办），挂重庆市人民政府总值班室、重庆市人民政府救灾办公室牌子，经过十年应急管理的实践探索，重庆基层应急管理在政策、措施、成效等方面取得一定成果，如重庆市人民政府办公厅出台《重庆市人民政府关于全面加强应急管理工作的意见》（渝府发〔2008〕67号）、《重庆市人民政府办公厅关于加强基层应急管理工作的意见》（渝办发〔2009〕5号）、《重庆市人民政府办公厅关于印发重庆市基层应急管理规范化建设标准（试行）的通知》（渝办发〔2012〕204号）、《重庆市人民政府关于加强突发事件风险管理工作的意见》(渝府发〔2015〕15号),并且开展了"六有"(有班子、有机制、有预案、有队伍、有物资、有培训演练等)为主要内容的乡镇(街道)基层应急管理能力标准化建设,推进以"三有"(有场地设施、有装备物资、有工作制度等)为主要内容的行政村(社区)应急服务站(点)建设,使得当地人民群众安全感较高。2018年3月21日中共中央印发了《深化党和国家机构改革方案》,将国家安全生产监督管理总局的职责、国务院办公厅的应急管理职责、公安部的消防管理职责、民政部的救灾职责、国土资源部的地质灾害防治、水利部的水旱灾害防治、农业部的草原防火、国家林业局的森林防火相关职责、中国地震局的震灾应急救援职责以及国家防汛抗旱总指挥部、国家减灾委员会、国务院抗震救灾指挥部、国家森林防火指挥部的职责整合,组建应急管理部,作为国务院组成部门。2018年10月25日重庆市应急管理局挂牌成立,按照《重庆市机构改革方案要求》要求,组建市应急管理局,亦非常重视基层应急管理工作,不断摸索新时代基层应急管理工作,其中实施了加强基层"五有八化"建设,按照"有机构、有人员、有条件、有能力、有规则"要求,围绕机构设置、职能职责、人员配备、设施装备、执法检查、监管监控、工作制度、救援队伍等8个方面,推动乡镇(街道)应急管理机构规范化建设;经过四年的不断努力,重庆基层应急管理水平更上一层楼,在国务院年度考核,老百姓的获得感、幸福感、安全感等方面取得显著成绩。由于乡镇(街道)的发展任务、发展目标、发展条件、功能定位等方面不同,导致应急管理工作具有差异性,本书以重庆基层应急管理实践为研究对象,梳理重庆基层应急管理的政策现状、实践问题、实践特点、实践经验、影响因素等,积极借鉴其他地区基层应急管理的宝贵经验,提出提升基层应急管理水平的系列对策意见,以期对提升新时代基层应急管理有所裨益,为推动建立大安全大应急框架、完善公共安全体系、推动公共安全治理模式向事前预防转型添砖加瓦。

(二)研究路线与方法

1. 研究思路

运用问卷调查方法、访谈方法、实际走访等方法,对重庆基层应急管理的问题进行研究，分两阶段进行：2018年之前的问卷调查主要利用基层应急管理干部到党校培训的时候进行问卷调查、访谈；2018年机构改革之后，采用网络问卷调查的方式方法，对重庆基层应急管理问题进行问卷调查，谨慎而系统地对重庆应急管理机构改革前后两阶段的基层应急管理进行差异化、系统性研究，最后提出提升基层应急管理水平对策建议，具体技术路线如图1.1所示。

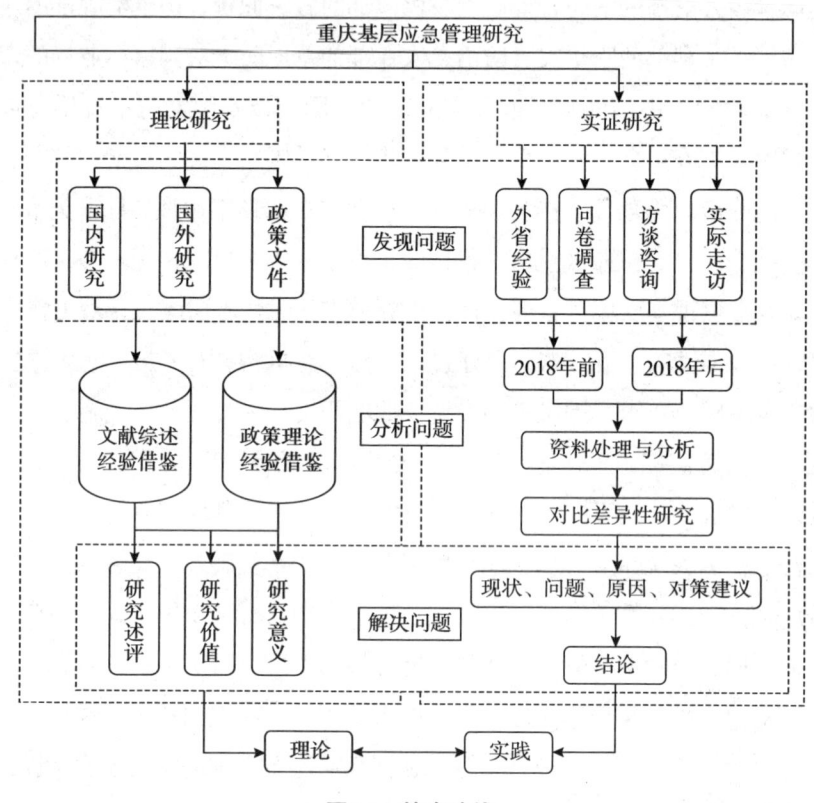

图1.1 技术路线

2. 研究方法

（1）文献分析方法

对国内外基层应急管理最新相关研究成果、国家基层应急管理政策文件、重庆基层应急管理政策文件等进行综述，把握研究前沿和核心观点。资料来源为权威期刊学术论文及优秀硕博论文、国家及重庆市发布的政府公文等。

（2）问卷调查方法、访谈咨询方法、实际走访

首先，设计基层应急管理的调查问卷，问卷主要包括基本情况、应急管理存在的问题、影响的因素、改进的对策建议等部分；其次，通过电话、网络等工具对参与应急管理工作的人员进行访谈咨询，从管理者角度获得基础资料，同时，走访应急管理受益者，从被管理者角度了解应急管理工作现状；最后，利用Spss25.0工具对基础资料进行处理，把定量分析与定性分析相结合，提高研究的科学与严谨性。

（3）对比研究方法

即对改革前后的基层应急管理的现状、存在的问题进行横纵向对比研究，既剖析出存在问题的共性原因，也指出存在问题的个性原因，并结合实际情况，提出差异化对策建议，做到利用马克思哲学的方法进行科学研究。

（三）研究内容

立足重庆基层应急管理实践，对基层应急管理的政策和基层应急管理的形势进行梳理总结，凝练出重庆基层应急管理的治理方式网格化、治理内容项目化、治理工具智能化、治理主体多元化、发展的标准化等特点，还重点梳理了重庆社会组织参与应急管理的脉络，并对重庆社会组织参与应急管理的现状、重庆社会组织参与应急管理的问题、重庆社会组织参与应急管理的案例等内容进行专题细化研究，分阶段对重庆基层应急管理的实践经验进行梳理总结，并总结四川成都、江西萍乡、山东青岛等地方的基层应急管理经验，对重庆基层应急管理影响因素进行实证检验，量化分析重庆基层应急管理在意识层、制度层、预防行为层的基层影响因素，剖析2018年机构改革前后重庆基层应急管理实践问题。2018年机构改革前重点分析了重庆基层应急管理在队伍建设、应急预案、应急专业知识、应急宣教等方面的问题；2018年机构改革后重点分析了基层应急管理的社区盲区问题、沟通协调问题、基层应急管理的社会化问题、基层应急管理的文化问题、基层应急管理的技术问题等，基于上述定性和定量分析，提出具有针对性的对策建议。

（四）研究意义与创新

1. 研究意义

（1）理论意义

通过对国内外基层应急管理进行文献综述和政策研究，发现鲜有学者从历史维度对基层应急管理进行理论研究，本研究按照"发现问题—分析问题—解决问题"的方式进行系统深入研究，梳理出重庆基层应急管理的特点、问题、影响因素、经验等，从学术角度提出差异化对策，拓宽和延伸应急管理理论研究的方向，细化和深化应急管理理论研究的内容，将为政府应急决策与管理提供科学理论依据。

（2）实践意义

重庆是西部大开发的重要战略支点，处在"一带一路"和长江经济带的联结点上，在国家区域发展和对外开放格局中具有独特而重要的作用。重庆要加快建设内陆开放高地、山清水秀美丽之地，努力推动高质量发展、创造高品质生活，且需在推进新时代西部大开发中发挥支撑作用、在推进共建"一带一路"中发挥带动作用、在推进长江经济带绿色发展中发挥示范作用。为充分发挥上述战略作用，需要从政治、经济、科技、文化、创新、安全等多方面进行保障。其中，应急管理作为影响重庆战略地位的重要安全因素之一，想要实现这些发展定位，需要对重庆全域基层应急管理进行系统性研究，保障安全生产环境和安全生活环境，维护安全生产环境和安全生活环境，从而为重庆战略发展提供安全保障，实现统筹安全与发展。

2. 研究创新

（1）视角创新

从研究视角上，依托重庆一区两群，根据不同区域的资源、环境的承载能力，基于不同的应急管理措施，实施差异化的政策。对主城都市区、渝东北三峡库区城镇群、渝东南武陵山区城镇群的应急管理现状，存在的问题、原因等进行客观调研并进行横纵向对比剖析，结合每个区域应急资源与应急能力，以及应急管理的功能定位，提出符合每个功能区域发展特点的对策建议，真正做到依据功能区域特点差异化、科学化地开展应急管理工作。

（2）地域特色研究

"十四五"期间，重庆按照"一区两群"发展格局，要在万州区、涪陵区、黔江区、永川区建设区域应急救援中心。本研究立足"一区两群"的基层应急管理的差异化、系统性研究，有利于梳理区域经济发展和灾害事故特点，为区域应急救援中心的建设提供政策支持，确保救援支持、协同调度、队伍驻地、日常训练、教育培训、装备保障等功能的实现，全面提升区域综合应急救援和应急保障能力，夯实重庆发展的基础，助推重庆科学发展。

二、国内外文献综述

（一）基本概念

1.基层社区应急管理

社区是一个地域社会，是社会学理论范畴中的一个基本概念。社区应急管理研究始于1989年9月世界卫生组织（WHO）在《第一届世界意外事故与预防大会》上首次正式提出"安全社区"概念，指"各个管理主体本着互助自助的原则，预防各种可预见的和不可预见的危害，全方位地保障社区安全可持续发展的新型社区模式"。美国联邦紧急事务管理署（FEMA）后继提出"防灾社区"和"减灾社区"。联合国认为：21世纪建设更安全的世界三大战略之一就是"建设应对灾害能力强的社区"，并强调应急管理要重视"社区的力量"。按照我国的行政管理体制，立足我国实际，本书的基层主要是指社区层面，可把社区分为城市、农村、园区、企业、校园社区（简称"五类"社区），故本书将基层社区应急管理具体细分为城市型社区应急管理、农村型社区应急管理、园区型社区应急管理、企业型社区应急管理，校园型社区应急管理。

2.社会组织参与应急管理

与社会组织相近的概念有"第三部门""非政府组织"等。国际上有代表性的概念有萨拉蒙提出的"公民社会组织"，其认为具有自治、志愿等特征，自治性区别于体制之内的政府组织，不以商业活动的营利性为目的区别于商业组织，组织性区别于松散的个体组合。[①]我国社会组织发展具

[①] 莱斯特·M.萨拉蒙.全球公民社会：非营利部门视界[M].贾西津等译.北京：社会科学文献出版社，2007：30-35.

有中国特色，王名认为社会组织在一定程度上具有公共性，以非政府组织形式出现，是开展一定社会功能的组织形式的总称。[①]本书认为，社会组织因具有公共性、社会性，是协助政府参与应急管理的重要力量，同时认为社会组织也是参与基层应急管理的重要协助力量。

3. 社区安全感

安全感是公众对周边环境感知到危险后的一种情绪反应[②]，或产生生理反应[③]，或是人们感知到犯罪或犯罪迹象而产生的消极情绪[④]。马斯洛认为缺乏安全感的人会有焦虑、恐惧、怀疑和不信任等感觉，常常感到被歧视和被边缘化。[⑤]社区安全感作为安全感的外延细化，是个体对安全感受汇聚起来的社区集的反映，较低的社区安全感会影响社会的安全与稳定，在一定程度上也折射出基层应急管理的不足与存在的问题。本书认为较为完善的基层社区应急管理制度使得基层社区个体具备一定应对突发事件的自救互救能力，故基层社区个体对周围社区软硬环境具有一定的安全感知。

（二）国内外文献综述

1. 国内外关于基层应急管理的研究

美国基层应急管理实践主要特点是"四级应急体系、成立专门机构、制定社区计划"。建立了"联邦政府、州、地方政府、社区"四级应急管理体系；专门的应急管理机构是联邦紧急事务管理署（FEMA）、应急区

---

① 王名. 社会组织论纲[M]. 北京：社会科学文献出版社，2013：85-90.

② GAROFALO J. The Fear of Crime: Causes and consequences[J]. *The Journal of Criminal Law and Criminology*, 1981, 72(2): 839-857.

③ MAXFIELD, M. G. Fear of crime in England and Wales[M]. *London: Her Majesty's Stationery Office*, 1984.

④ ERRARO K. F, GRANGE RL. The Measurement of Fear of Crime[J]. *Sociological Inquiry*, 1987, 57(1): 2

⑤ MASLOW A H, HIRSH E, STEIN M, et AL. A clinically derived test for measuring psychological security-insecurity[J]. *The Journal of general psychology*, 1945, 33(1): 21-41.

和社区应急反应小组（CERT），前者是负责国家的减灾规划和实施，后者主要目的是灾难准备、社区互助、救灾安全；专门制定了社区版"可持续减灾计划"（Sustainable Hazards Mitigation Plan），2002年（FEMA）发布宣传手册即：Are you ready? Guide.为社区应急工作提供指导。代表研究者如Waugh、William（2006）、Bulloc（2002）、E.L. Quarantelli（1982、1983）都对社区应急管理进行了研究；Lauren S. Fernandez、Joseph A. Barbera（2006）等则研究志愿者组织在社区应急中的作用。澳大利亚于20世纪80年代开始重视应急管理研究，形成以州（市）为主体，分为三个层次即"联邦政府、州（市）和地方政府"应急管理体系。联邦应急管理署（EMA，Emergency Management Australia）提出"有准备"社区，编制《社区应急预案编制指南》（Community Emergency Planning Guide），明确应急利益相关部门职责，规定社区应急处理标准操作程序。代表研究如Stephen Opper（1997）等研究社区参与对于社区减灾的积极作用，前者提出社区居民代表有助于提高减灾工作效率。新加坡、日本、英国、挪威等国家都深刻认识到基层社区应急管理体系在整个国家应急管理中的必要性和重要性，在社区灾害准备、社区救援体系等方面都进行研究以提高社区应急管理能力。如新加坡构建了社区民防系统、日本建立了社区自救制度、英国的邻里守望制度等。

国内基层应急管理研究内容主要集中在介绍国内外基层应急管理经验和模式、问题和对策、社区的基层应急管理等方面。在经验和模式方面：陈成文等[1]对美国应急管理层级模式、加拿大应急管理协作模式、澳大利亚有序的应急管理体制、日本健全的应急管理信息系统、俄罗斯垂直型应急管理体系进行研究，从中梳理出的六条关于提高我国基层应急管理水平的经验和启示，意义重大；宋劲松[2]对英国的基层应急管理组织模式进行

---

[1] 陈成文，蒋勇，黄娟. 应急管理：国外模式及其启示[J]. 甘肃社会科学，2010，(5)：201-206.

[2] 宋劲松. 英国基层应急管理组织模式研究[J]. 行政管理改革，2011，(2)：76-79.

探究，对完善我国基层应急管理的社会动员机制有所帮助；唐桂娟[1]对美国应急管理全社区模式进行探讨，其策略、路径和经验为我国基层应急管理提供参考。在问题和对策方面：岳静[2]对安徽滁州市的城市社区应急管理的组织机构、社区预警和应急预案、危机意识三方面存在的问题进行剖析，并提出对策，为基层应急管理提供了社区样本；张华文等[3]对城市社区应急文化进行剖析，聚焦的应急意识为本书研究提供参考；梁建春等[4]通过问卷调查，对基层政府应急管理的民众维度的评价和意识、政府维度的责任意识、预防体系构建、信息平台建设等现状进行研究，调查对象和范围较为广泛。在基层应急管理的社区方面：李菲菲、庞素琳[5]提出了治理理论视角下我国社区应急管理的建设模式，是从理论上对基层应急管理的创新，但还需从实践上进行运用和佐证；陶鹏，童星[6]对基层政府以基层官僚为核心的权变应急疏散模式进行研究，深化了应急管理的基层研究；吴晓涛等[7]对国内外城市社区应急准备进行综述，张海波对整合基层社区公共安全管理能力进行研究[8]，对提高基层社区应急管理的控制能力有所裨益。刘万振、陈兴立[9]对重庆社区应急能力的现状进行实证研究，并提出可行的对策建

---

[1] 唐桂娟. 美国应急管理全社区模式：策略、路径与经验[J]. 学术交流, 2015, (4): 64-69.

[2] 岳静. 城市社区应急管理现状分析与对策研究[J]. 理论建设, 2013, (6): 96-98.

[3] 张华文, 陈国华, 颜伟文. 城市社区应急文化体系构建研究[J]. 灾害学, 2008 (4): 101-105.

[4] 梁建春, 莫映宽, 熊健敏. 基层政府应急管理的现状调查与分析[J]. 武汉理工大学学报（社会科学版）, 2014 (2): 175-180.

[5] 李菲菲, 庞素琳. 基于治理理论视角的我国社区应急管理建设模式分析[J]. 管理评论, 2015 (2): 197-208.

[6] 陶鹏, 童星. 中国基层政府应急疏散行为模式：基于多案例比较分析[J]. 中国地质大学学报（社会科学版）, 2014 (4): 100-107.

[7] 吴晓涛, 杨桂英, 程书波, 姚军玲, 金英淑. 城市社区应急准备研究评述及展望[J]. 河南理工大学学报（社会科学版）, 2013, (1): 41-45.

[8] 张海波. 社区在公共安全管理中的角色整合与能力建设[J]. 江苏：社会科学, 2011 (06), 66-71.

[9] 刘万振, 陈兴立. 社区应急能力建设的现状分析与路径选择——重庆市社区应急能力建设的调查与思考[J]. 行政法学研究, 2011 (03), 78-85.

议，这为本研究奠定了前期理论基础和提供了建议参考。陶方林[1]对政府应急信息的发布进行了研究，为提升基层应管理的信息管理能力提供了方法。曹海林等[2]对灾害信息的管理与沟通进行了实践研究，并建议建立常态化信息交流机制，加强公众防灾减灾的宣传教育，建立健全多媒体传播和突发灾难报道机制，落实和完善信息公开制度，建立政府与媒体良性互动关系，这为基层社区应急管理的技术控制提供参考。以上研究对提高我国基层应急管理的规范化、标准化有重要意义。

2. 国内外关于基层安全感的研究

社区犯罪领域的研究是国外基层社区安全感研究的萌芽。[3]国外学者认为不安全的情境引起情感的恐惧（Hale, 1996），主张用群众对恐惧和担忧的情绪状态衡量应急管理工作成效（Ferraro, 1995），呼吁测度各类感知风险和恐惧情绪（Ulrich Beck, 1986; Starr, 1969），总结概括出影响基层社区安全感的社区因素（Ortega, 1987; Rountree, 1996）、社会经济因素（Hummelsheim, 2011），为政府更好地制定各类基层社区的公共政策、社会政策等提供理论参考，实现更好的基层应急管理效能。不同国别下的基层社区安全感影响因素具有差异性，加拿大[4]、德国[5]基层社区安全感影响因素主要概括为警民关系，印度基层社区安全感影响因素主要是

---

[1] 陶方林. 政府应急信息发布的基本原则与传播策略[J]. 情报探索, 2011(12), 43-45.

[2] 曹海林, 陈玉清. 我国灾害应急管理信息沟通的现实困境及其应对[J]. 电子科技大学学报（社科版），2011(12), 43-45.

[3] HALE, C. Fear of Crime: A Review of the Literature[J]. *International Review of Victimology*. 1996, 4(2): 79-150.

[4] CHRISMAS R. The people are the police: building trust with Aboriginal communitiesin contemporary Canadian Society[J]. *Canadian Public Administration*, 2012, 55(3): 451-470.

[5] FELTES T. Community-oriented policing in Germany: training and education[J]. *Polic-ing: An International Journal of Police Strategies & Management*, 2002, 25(1): 48-59.

社会治安的防治[1]，韩国基层社区安全感影响因素是志愿者、社区居民、社会组织等构成的私人警务组织的自治因素[2]。

国内关于基层社区安全感影响因素主要聚焦在内容维度和两分维度。其中基层社区安全感在内容维度研究影响因素的研究典型代表有：罗文进等认为安全感的影响因素是公共安全、公共秩序、人身安全、财产安全、治安事故等五个因素[3]；赵玲等认为公众安全感的脆弱性是主要影响因素[4]；王义保等认为安全感影响因素包括自然安全、治安安全、食品安全等九方面[5]；汪伟全等认为社区安全感影响因素包括社区安全管理功能认同、居民参与社区安全治理认同、邻里关系认同、居民生活质量认同等[6]。上述研究主要聚焦内容维度，划分社区安全感影响因素，使得社区安全感影响因素的通用性具有一定的限制。

基层社区安全感在两分维度研究影响因素的典型代表有：1988年公安部公共安全研究所设计了公众安全感主客体的影响因素[7]；仓平等指出了社区安全感的主客体影响因素[8]；王娟明确了社区安全感的主客观影响因

---

[1] VERMA A. Policing public order in India [J]. Int, J. Police Sci. & Mgmt. , 2000 (3): 213.

[2] NALLA M K. Relations between police and private security officers in South Korea [J]. Policing: An International Journal of Police Strategies & Management, 2006, 29 (3): 482-497.

[3] 罗文进, 王小锋. 安全感概念界定、形成过程和改善途径 [J]. 江苏警官学院学报, 2012, (5): 5-9.

[4] 赵玲, 王松华, 王晓楠. 以城市脆弱性因素为基础的公众安全感评价研究 [J]. 杭州师范大学学报 (社会科学版), 2014 (2): 125-130.

[5] 王义保, 许超, 曹明. 中国城市公共安全感调查报告 (2019) [M]. 北京: 社会科学文献出版社, 2020.

[6] 汪伟全, 赖天. 社区居民安全感影响因素的实证研究——基于上海的调查 [J]. 长白学刊, 2020 (6): 69-77.

[7] 公安部公共安全研究所. 你感觉安全吗?——公众安全感基本理论及调查方法 [M]. 北京: 群言出版社, 1991.

[8] 仓平, 严文斌, 袁珏. 公众安全感影响因素模型的构建与研究 [J]. 南京财经大学学报, 2011 (3): 36-42.

素[1]；尉建文、阮明阳[2]等探究了社区安全感的个人和社会两层面的影响因素；刘朝捷从社会因素和主体因素分析了社区安全感的主要影响因素[3]。两分影响因素的研究思路使得社区安全感影响因素具有一定的内敛性。张玉春[4]、梁乃文[5]等对北京、湖南等地市民安全感影响因素进行了实证研究，为本书研究奠定了基础。

重庆作为特大城市，由于基层社区结构异质性增加、基层社区人员流动链条延长、基层社区生产方式多样性增强、基层社区组织形态复杂性扩大、基层社区系统的开放面延宽，加之基层社区公共安全风险具有裂变性，使得基层应急管理影响因素呈现出多元性、关联性、复杂性等特点，亟须精准查找基层社区安全感影响因素，从而优化基层应急管理对策建议。

3. 国内外关于社会组织参与应急管理的研究

国外关于社会组织参与应急管理的研究主要源于社会组织参与自然灾害方面的工作，Mizan R.Khan and M.Ashiqur Rahman指出了社会组织在孟加拉国的自然灾害应急管理中发挥了重要作用。[6]萨拉蒙对全球40多个国家的社会治理研究发现，社会组织可以弥补政府治理的缺陷，在社会治理中发挥重要作用。[7]Park Eun-Seon通过对日本和韩国的灾害应急管理研究发现，社会组织在灾害应急管理中的作用越来越重要，已经成为灾害应对的

---

[1] 王娟. 公众安全感指标体系的构建与评价方法研究——以社会治安秩序为视角[J]. 政法学刊, 2009(5): 104-107.

[2] 尉建文，阮明阳. 中国城市居民安全感的实证研究[J]. 北京工业大学学报(社科科学版), 2011, (6): 1-13.

[3] 刘朝捷. 试论公众安全感指标调查[J]. 武汉公安干部学院学报, 2009(3): 63-65.

[4] 张玉春. 北京市居民安全感指数的编制[J]. 首都经济贸易大学学报, 2007(2): 115-117.

[5] 梁乃文，王小燕，侯振挺，许青松. 湖南省公众安全感调查问卷及其与信度和效度分析[J]. 数理统计与管理, 2012, 31(6): 1039-1048.

[6] Mizan R. Khan and M. Ashiqur Rahman. Partnership approach to disaster management in Bangladesh: a critical policy assessment[J]. Natural Hazards, 2007, 41(2).

[7] 莱斯特·M. 萨拉蒙. 全球公民社会：非营利组织部门视界[M]. 北京. 社会科学文献出版社, 2002, 63.

重要力量。①

从国内研究看，学者们重点围绕社会组织参与应急管理可能性、社会组织参与应急管理重要性、社会组织参与应急管理存在的困境以及社会组织参与应急管理的路径进行了研究。在社会组织参与应急管理的可能性上，王逸帅以合作治理理论为支撑，提出政府与社会组织合作治理逐渐成为一种应对危机可行的选择。②在社会组织参与应急管理重要性上，张勤等指出社会组织是现代公共危机治理的重要力量，社会组织在社会动员与整合、疏导化解冲突矛盾、修复与回应反馈等方面发挥着重要作用。③以政府为单一主体的突发事件应对和应急管理模式已不能适应我国进入风险社会的情境，孔娜娜等认为"动员和培育社会组织参与突发事件治理是构建风险防控体系，满足人们公共安全需求的新方式"④。王兴广等认为社会多元化与公民社会的快速发展促使社会组织参与社会治理和应急响应的诉求与能力日益加强⑤，这说明新时代社会组织参与防灾减灾救灾已经逐渐成为主流趋势。程德慧认为社会组织的参与保证了公共政策的科学化和民主化，推动了政府危机治理机制的建立，增进了公共政策利益价值的公正性，优化了危机政策管理的体系结构。⑥在社会组织参与应急管理存在的困境上，王逸帅认为社会组织面临着低持续性，能力、信任以及制度激励不足的挑

---

① Park Eun-Seon, Yoon D. K. The value of NGOs in disaster management and governance in South Korea and Japan[J]. International Journal of Disaster Risk Reduction, 2022.

② 王逸帅. 合作治理：危机事件中政府与社会组织新型关系的构建——以汶川地震危机应对实践为例[J]. 湖北社会科学, 2012（12），31-34.

③ 张勤, 钱洁. 促进社会组织参与公共危机治理的路径探析[J]. 中国行政管理, 2010（06），88-92.

④ 孔娜娜, 王超兴. 社会组织参与突发事件治理的边界及其实现：基于类型和阶段的分析[J]. 社会主义研究, 2016（4），98-105.

⑤ 王兴广, 韩传峰, 田苹, 徐松鹤. 社会组织参与区域合作治理进化博弈模型[J]. 中国人口·资源与环境, 2017（8），28-35.

⑥ 程德慧. 公共政策防范现代危机的社会组织支持分析[J]. 求实, 2014（10），53-57.

战。[1]对于社会组织参与应急管理服务的路径：赵成根认为要学习发达国家大城市危机管理中的社会参与机制，具体可以借鉴发达国家社会组织参与防灾减灾救灾的各种管理机制、参与机制。[2]金华提出，以新公共管理理论为指南，理性借鉴西方发达国家NGO（非政府组织）参与的有益经验，从政府层面、社会组织层面以及社会心理文化层面入手，营造良好的法律制度环境，严格规范社会组织内部治理，加强现代公民文化建设。[3]谢菊认为社会组织可有序参与应急文化建设的制度安排进行[4]，在实践中，可从安全文化视角，完善社会组织参与防灾减灾救灾的文化机制。贺璇等认为在突发事件应急治理中，应充分发挥政府、社会和市场的独特优势，通过清晰的功能定位和规范化的合作实现三者间相互增权，从而促进公民社会的发育，完善市场机制，提高政府应急治理能力，实现政府权能优化，构建政府—社会—市场三维互动框架[5]，这为机构改革后，厘清政府、社会、市场各自参与防灾减灾救灾工作的职责提供了新思路。邢宇宙指出：在协同治理视角下可通过平台构建政社协同机制，搭建联盟形成组织联动机制，利用多方力量完善支持培育机制，以及基于信息公开的评估问责机制来实现[6]，这为制定新时代社会组织参与防灾减灾救灾的联动机制奠定了一定的基础。白书祥、杜旭宇强调，强化社会组织宏观社会资本在突发事件应急管理中的作用，发展和完善信任社会资本、规范社会资本、网络社会资

---

[1] 王逸帅.合作治理：危机事件中政府与社会组织新型关系的构建——以汶川地震危机应对实践为例[J].湖北社会科学, 2012(12), 31-34.

[2] 赵成根.发达国家大城市危机管理中的社会参与机制[J].北京行政学院学报, 2006 (4), 13-17.

[3] 金华.我国公共危机治理的挑战与回应——社会组织参与的视角[J].甘肃社会科学, 2019(4), 169-175.

[4] 谢菊.应急文化视阈下的社会组织研究[J].新视野, 2011(3), 44-46.

[5] 贺璇,王冰.中国突发事件应急治理的变迁与成长——构建政府-社会-市场三维互动框架[J].学习与实践, 2014(11), 59-65.

[6] 邢宇宙.协同治理视角下我国社会组织参与灾害救援的实现机制[J].行政管理改革, 2017(8), 59-63.

二、国内外文献综述

本，为强化社会资本在突发事件应急管理中的作用，利于奠定群众基础、制度基础和社会基础。[①]王义指出提升社会组织参与应急管理服务要建立并完善专业化应急队伍分类制度、认证制度、激励制度以及保护制度；重视应急志愿者的技术培训；加强志愿者组织间的交流与合作；出台地方法规或规章等。[②]董幼鸿对社会组织参与城市公共安全风险治理的路径进行了研究[③]，这些为本书研究奠定了实践样本和案例基础。

[①] 白书祥,杜旭宇. 宏观社会资本在突发事件应急管理中作用的缺失及对策——基于社会组织和社会参与的分析[J]. 探索, 2011(02), 134-137.

[②] 王义. 提升青岛市社会组织参与应急管理效能研究[J]. 中共青岛市委党校青岛行政学院学报, 2013(06), 69-72.

[③] 董幼鸿. 社会组织参与城市公共安全风险治理的困境与优化路径——以上海联合减灾与应急管理促进中心为例[J]. 上海师范大学学报(哲学社会科学版), 2018(4), 50-57.

三、基层应急管理的政策与形势

（一）基层应急管理的政策

党中央、国务院高度重视基层应急管理问题，围绕让应急管理实现"重心下移、力量下沉、保障下倾"进行了系列决策部署。具体内容如下：

2007年国务院发布《关于加强基层应急管理工作的意见》（国办发〔2007〕52号），随后重庆出台系列文件，如重庆市人民政府办公厅出台《重庆市人民政府关于全面加强应急管理工作的意见》（渝府发〔2008〕67号）、《重庆市人民政府办公厅关于加强基层应急管理工作的意见》（渝办发〔2009〕5号）。2015年5月29日中共中央政治局就健全公共安全体系进行第二十三次集体学习时，中共中央总书记习近平强调："维护公共安全体系，要从最基础的地方做起""编织全方位、立体化的公共安全网"。社区是社会的基本组成单元，是各种突发事件最直接的承受者，而社区民众更是风险直接的影响对象与应对者。因此，以社区为立足点，开展风险防控治理是提高公共安全治理水平的关键措施。2017年7月19日国务院办公厅印发《国家突发事件应急体系建设"十三五"规划》（国办发〔2017〕2号），指出在"十三五"期间，重点任务之一就是"加强城乡社区和基础设施抗灾能力，完善监测预警服务体系，强化城市和基层应急管理能力建设，提升应急管理基础能力和水平""建立健全突发事件风险评估标准规范，开展突发事件风险评估，建立完善重大风险隐患数据库，实现各类重大风险和隐患的识别、评估、监控、预警、处置等全过程动态管理。积极推进村、社区、企业、工业园区突发事件风险管控标准化建设，做到有人员、有制度、有预案、有演练、有保障，逐步实现全国突发事件风险网格化管理"，表明在"十三五"期间，要加强社区风险管理工作。2019年6月23日中共中央办公厅、国务院办公厅印发《关于加强和改进乡村治理的指导意见》，意见指出"健全农村公共安全体系，强化农村安全生产、防灾减灾救灾、食品、药品、交通、消防等安全管理责任""到2035年，乡村公共服务、公共管理、公共安全保障水平显著提高"，特别强调了农村的公共安全问题。2019年11月5日中共中央关于《坚持和完善中国特色社会主义制度推进国家治理体系和治理能力现代化若干重大问题的决定》中指出要"健全公共安全体制机制。完善和落实安全生产责任和管理制度，建立公共安全隐患排查和安全预防控制体系。"2019年11月29日下午，中共中央政治局就我国应急管理体系和能力建设进行第十九次集体学习，中共中央总书记习近平在主持学习时强调，应急管理是国家治理体系和治理能力的重要组成部分，承担防范化解重大安全风险、及时应对处置各类灾害事故的重要职责，担负保护人民群众生命财产安全和维护社会稳定的重要使命。要发挥我国应急管理体系的特色和优势，借鉴国外应急管理有益做法，积极推进我国应急管理体系和能力现代化。习近平指出，要健全风险防范化解机制，坚持从源头上防范化解重大安全风险，真正把问题解决在萌芽之时、成灾之前。要坚持群众观点和群众路线，坚持社会共治，完善公民安全教育体系，推动安全宣传进企业、进农村、进社区、进学校、进家庭，加强公益宣传，普及安全知识，培育安全文化，开展常态化应急疏散演练，支持引导社区居民开展风险隐患排查和治理，积极推进安全风险网格化管理，筑牢防灾减灾救灾的人民防线，此次学习再次强调了如何加强社区公共安全治理。2021年6月1日起施行《中华人民共和国乡村振兴促进法》，第四十九条指出："地方各级人民政府应当健全农村社会治安防控体系，加强农村警务工作，推动平安乡村建设；健全农村公共安全体系，强化农村公共卫生、安全生产、防灾减灾救灾、应急救援、应急广播、食品、药品、交通、消防等安全管理责任。"

2022年2月14日国务院发布了《"十四五"国家应急体系规划》，指出"十四五"时期，要提升基层治理能力，以网格化管理为切入点，完善基层应急管理组织体系，加强人员力量配备，厘清基层应急管理权责事项，落实基层政府及相关部门责任。加强和规范基层综合性应急救援队伍、微型消防站建设，推动设立社区、村应急服务站，培养发展基层应急管理信息员和安全生产社会监督员，建立完善"第一响应人"制度。在基层应急管理能力建设部分要实施基层应急能力提升计划，开展基层应急管理能力标准化建设，为基层应急管理工作人员配备常用应急救援装备和个体防护装备，选取条件较好的区域建设基层移动指挥中心、基层综合应急救援服务站。中国共产党第二十次全国代表大会报告指出："坚持安全第一、预防为主，建立大安全大应急框架，完善公共安全体系，推动公共安全治理模式向事前预防转型"，上述这些政策，支撑了地方基层应急管理实践。

（二）社会组织参与应急管理的意义与政策

1. 社会组织参与应急管理的意义

社会组织参与应急管理服务有重要意义。一是社会组织参与应急管理服务有利于满足新时代人民日益增长的美好生活的需要。党的十九大指出："中国特色社会主义进入新时代，我国社会的主要矛盾已经转化为人民日益增长的美好生活的需要和不平衡不充分的发展之间的矛盾"[①]，特别是人民美好生活需要日益广泛，其中安全需要就是美好生活需要的重要表现，满足人民群众的安全需要才能更好满足其他美好生活需要。在新时代，满足人民群众的安全需要不仅需要政府部门的努力，同样还需要社会力量的协助和配合。二是社会组织参与应急管理服务有利于不断提升人民群众获得感、幸福感、安全感。2019年1月21日，习近平在省部级主要领导干部坚持底线思维着力防范化解重大风险专题研讨班，发表重要讲话强调："要推进社会治理现代化，坚持和发展'枫桥经验'，健全平安建设社会协同机制，从源头上提升维护社会稳定能力和水平"，这要求社会风险的防范化解同样也需要政府力量和社会力量的共同努力，才能不断提升

---

① 习近平. 决胜全面建成小康社会夺取新时代中国特色社会主义伟大胜利——在中国共产党第十九次全国代表大会上的报告[M]. 北京：人民出版社，2016：19.

人民群众获得感、幸福感、安全感。三是社会组织在自然灾害领域的防灾减灾救灾发挥重大作用。我国是自然灾害多发频发的国家，2022年10月我国自然灾害以洪涝、干旱、低温冷冻灾害为主，台风、地震、风雹、雪灾、地质灾害和森林火灾等，各种自然灾害造成96.5万人次受灾，因灾死亡失踪13人；倒塌房屋500余间，损坏房屋7900余间；农作物受灾面积44.5千公顷；直接经济损失21.4亿元。①社会组织在自然灾害发生前，积极进行宣教宣传自然灾害知识和技能，发挥预防作用；在自然灾害发生后，利用自身的专长和资源，积极参与自然灾害救灾，发挥救灾作用；在灾害重建中，配合政府部门和社会各界，发挥重要作用。

2. 社会组织参与应急管理政策

（1）国家层面

中国共产党第十八届中央委员会第三次全体会议指出要推进国家治理体系和治理能力现代化。中国共产党第十八届中央委员会第五次全体会议指出要进一步提高完善党委领导，政府主导，社会参与。中国共产党第十九次全国代表大会提出："打造共建共治共享的社会治理格局。加强社会治理制度建设，完善党委领导、政府负责、社会协同、公众参与、法治保障的社会治理体制，提高社会治理的社会化、法治化、智能化、专业化水平。"中国共产党第十九届中央委员会第四次全体会议指出必须加强和创新社会治理，完善党委领导、政府负责、民主协商、社会协同、公众参与、法治保障、科技支撑的社会治理体系，建设人人有责、人人尽责、人人享有的社会治理共同体，确保人民安居乐业、社会安定有序，建设更高水平的平安中国。在《中共中央关于坚持和完善中国特色社会主义制度　推进国家治理体系和治理能力现代化若干重大问题的决定》中，明确指出了要完善正确处理新形势下人民内部矛盾有效机制，完善社会矛盾纠纷多元预防调处化解综合机制，努力将矛盾化解在基层；完善社会治安防控体系，坚持专群结合、群防群治，提高社会治安立体化、法治化、专业化、智能化水平，形成问题联治、工作联

---

① https://www.mem.gov.cn/xw/yjglbgzdt/202211/t20221104_425890.shtml

动、平安联创的工作机制，提高预测预警预防各类风险能力，增强社会治安防控的整体性、协同性、精准性；健全公共安全体制机制，完善和落实安全生产责任和管理制度，建立公共安全隐患排查和安全预防控制体系。构建统一指挥、专常兼备、反应灵敏、上下联动的应急管理体制，优化国家应急管理能力体系建设，提高防灾减灾救灾能力。加强和改进食品药品安全监管制度，保障人民身体健康和生命安全。中国共产党第二十次全国代表大会报告指出要"健全共建共治共享的社会治理制度，提升社会治理效能。""发展壮大群防群治力量，营造见义勇为社会氛围，建设人人有责、人人尽责、人人享有的社会治理共同体。"从上述看出：国家政策越来越鼓励激发社会活力，扩大社会参与，支持社会力量参与社会治理，由于社区公共安全治理是社会治理的重要内容，因此国家政策越来越鼓励支持社会力量参与社区公共安全治理。

（2）部门层面

1）防灾减灾救灾任务是社区应急管理的有机组成部分，由于社会组织是构建防灾减灾救灾格局的重要力量，中国共产党第十九次全国代表大会提出"提升防灾减灾救灾能力"。中共中央、国务院印发《关于推进防灾减灾救灾体制机制改革的意见》（中发〔2016〕35号）指出："坚持党委领导、政府主导、社会力量和市场机制广泛参与""健全社会力量参与机制。……构建多方参与的社会化防灾减灾救灾格局。"社会组织因资源丰富、贴近一线、组织灵活等优势，是构建防灾减灾救灾格局的重要力量，是提升防灾减灾救灾能力的重要补充，也是社区公共安全治理的重要力量和重要补充。

2）应急管理部高度重视社会组织参与应急管理服务，2019年5月，在重庆举办了"全国首届社会应急力量技能竞赛"，通过比赛搭建实战训练比武平台，筛选了一批政治可靠、素质过硬、遵规守纪的社会应急队伍，纳入国家或本区域的应急救援体系，这一举措标志着我国社会应急力量正式列入国家应急救援体系，此次竞赛是应急管理部贯彻落实党中央、国务院关于应急管理工作决策部署、支持引导社会应急力量参与应急救援工作的重要举措，体现了对社会应急力量的高度重视，也是构建多方参与的社会化防灾减灾救灾格局的有效措施和创新，在一定程度上利于提高社会救援力量的凝聚力、组织力和动员力。为贯彻落实党中央、国务院关于推进国家治理体系和治理能力现代化的决策部署，充分发挥社会应急力量在防灾减灾救灾和应急救援中的作用，应急管理部、民政部研究起草了《关于进一步推进社会应急力量健康发展的意见（征求意见稿）》，并于2019年12月10日向社会公开征求意见，该举措也非常有利于推动社会力量参与社区公共安全治理。据统计，当前全国社会应急力量共计2300余支、骨干救援队员4.9万余人。按应急管理部办公厅颁布的《社会应急力量参与重特大灾害抢险救援行动现场协调机制建设试点方案》（应急厅函〔2021〕317号）有关要求，他们发挥覆盖面广、贴近基层、组织灵活等优势，为了更好地提升社会力量参与应急管理工作，2022年9月，应急管理部发布了《社会应急力量建设基础规范 第1部分：总体要求》（YJ/T 1.1—2022）、《社会应急力量建设基础规范 第2部分：建筑物倒塌搜救》（YJ/T 1.2—2022）、《社会应急力量建设基础规范 第3部分：山地搜救》（YJ/T 1.3—2022）、《社会应急力量建设基础规范 第4部分：水上搜救》（YJ/T 1.4—2022）、《社会应急力量建设基础规范 第5部分：潜水救援》（YJ/T 1.5—2022）、《社会应急力量建设基础规范第6部分：应急医疗救护》（YJ/T 1.6—2022）等6项标准（以下简称《建设规范》），于2022年12月起实施。2022年11月3日应急管理部、中央文明办、民政部、共青团中央印发了《关于进一步推进社会应急力量健康发展的意见》（应急〔2022〕110号），该意见主要为从事防灾减灾救灾工作的社会组织、城乡社区应急志愿者等社会应急力量健康发展明确了有关要求，并且规定了对社会应急力量参与应急管理工作发生的相关费用给予相关补偿的规定，进一步推进了应急社会力量的发展。

（3）地方部门政策

为促进和规范重庆全市应急志愿服务活动，打造"训练有素、服务专业、经验丰富、反应迅速、覆盖全市"的应急志愿者队伍，提升全市应急管理社会动员水平，重庆市人民政府于2013年12月20日印发《重庆市应急志愿者管理办法的通知》（渝府办发〔2013〕235号），依据通知可知：对志愿者的注册条件、招募等进行了明确规范；也对志愿者参与应急管理服务的权利与义务进行了明确，其中权利包括参加应急志愿服务活动、免费接受应急培训和演练；享受适当补助及人身意外伤害保险；向应急志愿者组织提出改进工作的意见和建议；在非应急状态下，因年纪偏大、身体疾病或工作地变动等原因，可申请退出应急志愿者队伍。应急志愿者的义务有遵守国家法律法规、社会公德、廉洁自律；自觉接受应急志愿者组织管理，服从市应急志愿者总队调配，不得擅自变更服务岗位等八项内容。为了有序参与应急管理服务，该办法也明确了应急志愿服务的内容是：宣传指导，做好应急避险和自救互救等应急知识的宣传普及，不断提高公众防灾减灾和自救互救能力；隐患排查，协助做好突发事件隐患排查工作，参与制定整改方案；信息报告，收集突发事件有关信息，协助做好预警信息发布工作；应急救援，根据需要，按照统一组织、统一调配原则，有序参与应急救援工作；灾害重建，协助做好灾后生产、生活设施的重建，参与医疗康复、心理咨询等工作；其他应急志愿服务工作。

在机构改革后，重庆应急管理局设立了救援协调和预案管理处，专门负责统筹应急救援力量建设。2022年4月18日，重庆市减灾委员会办公室印发了《重庆市社会应急力量参与重特大事故灾害抢险救援行动现场协调机制建设实施方案》，从"四有"（有协调组织、有工作场所、有支撑系统、有保障条件）做起，进一步规范了社会应急力量参与重特大事故灾害抢险救援行动的现场管理，切实解决因组织协调不力可能导致的交通道路堵塞、灾区秩序混乱、应急资源浪费、信息发布失真等突出的现实问题，提高社会应急力量现场应急救援能力，确保社会应急力量现场救援活动有序有效开展。

（三）基层应急管理的形势

1. 载体多，体量大

基层社区分为城市、农村、园区、企业、校园等五类，重庆市社区类型数量较多，依据重庆市民政局2022年第四季度的统计数据可知：重庆

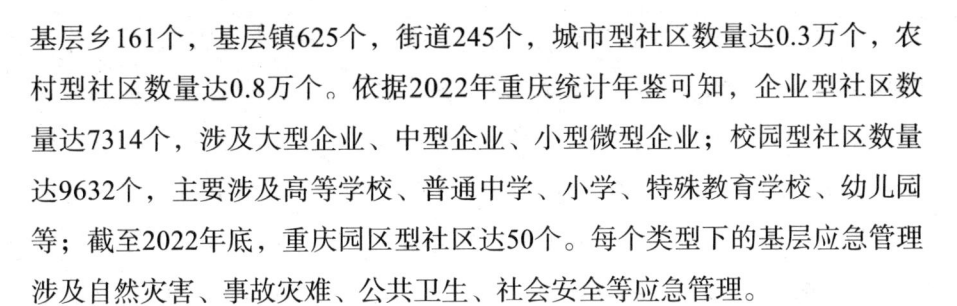

基层乡161个，基层镇625个，街道245个，城市型社区数量达0.3万个，农村型社区数量达0.8万个。依据2022年重庆统计年鉴可知，企业型社区数量达7314个，涉及大型企业、中型企业、小型微型企业；校园型社区数量达9632个，主要涉及高等学校、普通中学、小学、特殊教育学校、幼儿园等；截至2022年底，重庆园区型社区达50个。每个类型下的基层应急管理涉及自然灾害、事故灾难、公共卫生、社会安全等应急管理。

2. 基层风险多

2019年1月21日习近平在省部级主要领导干部坚持底线思维着力防范化解重大风险专题研讨班讲话指出，我们要防范"政治、意识形态、经济、科技、社会、外部环境、党的建设等领域重大风险"，同样，"政治、意识形态、经济、科技、社会、外部环境、党的建设等领域重大风险"下沉到基层社区，同样也面临"政治、意识形态、经济、科技、社会、外部环境、党的建设等领域风险"。每类基层社区都是矛盾点、风险点的集聚区、密集区、酝酿区，只是每类社区的矛盾点、风险点具有差异性。加之城镇化进程持续推进，各类基础设施建设加快实施，基层社区新业态、新行业给安全生产带来新风险、新问题。各等级公路里程急剧增加，乡村道路不断延伸，临水临塘临崖路段较多，道路交通安全风险仍然较大。矿山、化工、交通运输、消防等行业领域安全风险仍然突出。城区高层建筑众多、山地建筑结构复杂、楼宇密度大，消防通道阻塞现象突出，基层火灾防控难度大，居民住宅、公共服务设施、人员密集场所、地下空间、地下管网等安全风险急剧增大。产业园区及城乡接合部安全管理依然薄弱，城市火灾、燃气泄漏等仍偶有发生。以火灾隐患进行分析：在基层社区，重庆已经建成高层建筑4万栋，密度和数量居全国前列，消防设施带病运转严重，尤其是城区的老旧高层建筑历史遗留安全隐患多，消防车道或救援场地被占用，无论地上建筑还是地下建筑都很容易一点就燃，一燃就引发次生灾害或者事故，可谓是"一点就燃，一燃就爆"，容易引起连锁反应。

3. 基层应急管理协调机制有待完善

2018年4月16日国家组建的应急管理部正式挂牌，意味着我国应急管理进入新阶段，但基层应急管理仍面临许多挑战：基层应急管理各项工作机制尚不完善，"大应急、大安全、大联动"管理理念落地基层社区亟待加强，基层相关职能部门责任边界尚未完全厘清，基层新兴行业、领域和业态安全监管职责不够明确；基层应急管理综合行政执法改革任务尚未完成等。以基层协调救援时间为例说明：据相关统计，当基层社区发生突发事件时，需要协调119、120等救援资源时，他们到达现场的平均时间分别是10分钟、16分钟，容易错过基层社区救援的最佳时间。调研还发现，社区里的小区因为消防通道被占导致消防车进入不了火灾区域是经常发生的事情；当社区发生风险隐患问题，需要街道社区进行协调时，协调进程比较慢，容易引发次生安全问题。

4. 基层基础基本能力不足

在应急管理基层上，基层应急管理机构设置不够完善，基层应急管理人才队伍短缺，基层任务重、压力大，基层应急管理能力和基层救援能力有待提升。在应急管理基础上，基层应急管理现代化水平不高，专业装备保障、科技支撑、信息化建设滞后。在应急管理基本能力上，社区个体的公众风险防范意识和自救互救能力参差不齐，有待提升。

5. 基层自然灾害应急管理问题多

重庆是典型的山城，集大城市、大农村、大山区、大库区的特点于一体，自然灾害种类多、分布地域广、发生频率高，但防御工程基础薄弱。境内大中小河流纵横交织，山区河流坡陡流急，洪水集聚速度快，突发性山洪灾害监测预警能力不足，现有水库、水闸等设施滞洪、缓洪能力不足。森林草原火灾风险防控基础设施不足，林火阻隔网络覆盖面小，消防水池、智能监测系统建设滞后。

四、重庆基层应急管理的特点

依托实地调研情况并结合实地问卷、网络问卷的抽样调查，总结出重庆基层应急管理的特点分别是治理方式网格化、治理内容项目化、治理工具智能化、治理主体多元化、发展的标准化。

（一）治理方式网格化

1. 实践理念

基层应急管理的网格化是指利用社区网格员在险情灾情和重大隐患报送、交通劝导、科普宣传、应急救援等方面职责，充分发挥基层应急管理"神经末梢"作用。通过建立一种网格化公共安全治理方式，达到了基层应急管理流程源头化、治理内容系统化、治理保障责任化的效果，这种做法有利于基层风险、隐患及时得到排查和防控，有利于及时监测基层社区不稳定因素和问题，实现基层应急管理的关口前移。

2. 实践做法

以重庆万盛经开区网格治理、重庆江津区网格治理为案例进行对比剖析。在万盛经开区，2017年全区有网格481个，当地通过利用网格化方式治理社区安全，使得2017年全区刑事立案率同比下降26.1%、八类主要刑事案件同比下降6.5%、可防性案件同比下降35.3%、侵财案件同比下降27.5%。而在江津，通过利用网格治理社区公共安全，使得2018年江津区群众安全感指数上升1.67%，高出全市平均值0.77%，达到99.2%。江津全区划分网格4010个。通过对两区的网格化制度进行对比剖析，发现两区的网格化治理方式既有共性规律，也有个性化的差异。其中，共性规律包括两个区的网格化治理方式都有五项实效制度、都有队伍保障，具体内容如下：在五项实效制度方面，万盛经开区的五项实效制度包括"三必问、三查看、三必到、五必清、五必报"，其中"三必问"是要求网格管理员对社区有无人员变化、有无生活困难、有无意见建议做到必问；"三查看"是要求网格管理员对社区个体是否具备合法资质、是否发生信息变化、是否存在安全隐患做到必查看；"三必到"是要求网格管理员对社区发生突发事件、突发家庭变故、邻里发生纠纷必到；"五必清"是要求网格管理员对人、地、事、物、组织必须摸清楚；"五必报"是要求网格管理员对不稳定因素、安全隐患、意外伤害事件、诉求意见、公共设施损坏必报送。江津区的五项实效制度包括"一巡查、两走访、三必到、四必访、五必报"，其中"一巡查"是要求网格员每天至少深入网格巡查一次，"两走访"是要求网格员对普通家庭每年至少走访两次，"三必到""五必报"和万盛经开区做法一样，"四必访"要求网格员对低保户、空巢老人、流动人员、重点人员必访。虽然两区的网格表现形式不一样，但是都抓住了基层应急管理的关键点，即通过系列预防措施，做到及时发现基层各类风险，做到了基层应急管理流程源头化。在队伍保障方面，万盛经开区的队伍保障体系被概括为"四员一长一队"，分别是网格管理员、网格警务员、重点群体管理员、网格督导员、网格长、治安巡逻队；江津区的队伍保障体系由五个部分组成，分别是镇（街道）政法书记、专干、社区巡逻队员、协管员、志愿者，全区有30支社区专职治安巡逻队，队员278名。虽然两区的队伍保障结构组成不一样，但是都抓住了基层应急管理的有效着力点，通过建立队伍保障体系，夯实社区公共安全治理的保障责任化。在个性化的差异方面，主要体现在技术层面的差异，万盛经开区利用现代化的工具助力社区应急管理工作，江津区主要是依托传统工具助力社区应急管理工作。《国家突发事件应急体系建设"十三五"规划》指出，需要在"十三五"发展期间，重点发展网格员、气象信息员、群测群防员、食品药品安全联络员、灾害信息员。重庆在"十三五"期间，加大上述几类社区网格员的发展力度。2022年2月14日国务院关于印发《"十四五"国家应急体系规划》（国发〔2021〕36号），该规划指出在"十四五"期间，要"以网格化管理为切入点，完善基层应急管理组织体系，加强人员力量配

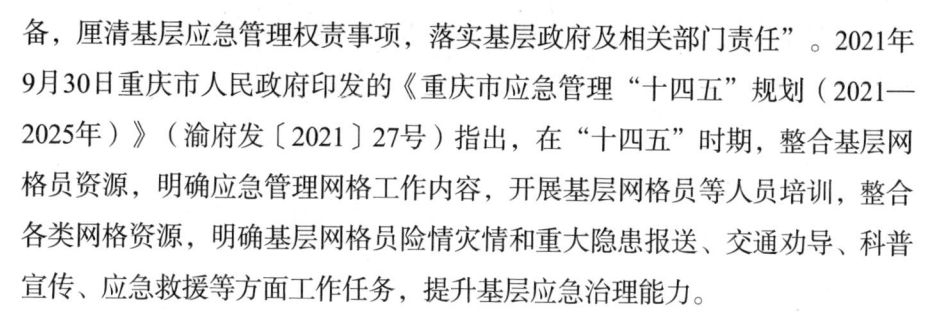

备，厘清基层应急管理权责事项，落实基层政府及相关部门责任"。2021年9月30日重庆市人民政府印发的《重庆市应急管理"十四五"规划（2021—2025年）》（渝府发〔2021〕27号）指出，在"十四五"时期，整合基层网格员资源，明确应急管理网格工作内容，开展基层网格员等人员培训，整合各类网格资源，明确基层网格员险情灾情和重大隐患报送、交通劝导、科普宣传、应急救援等方面工作任务，提升基层应急治理能力。

（二）治理内容项目化

1. 实践理念

治理内容项目化是指将基层应急管理内容融入宣传、应急、政法等工作，结合社区现实情况等，有针对性、阶段性策划实施安全促进项目，不仅可以及时向社区居民（村民）宣传必要的社区应急管理政策、知识，也有利于提升社区居民（村民）的安全技能水平和能力。

2. 实践做法

《国家突发事件应急体系建设"十三五"规划》中规定，要规范"安全社区""综合减灾示范社区""消防安全社区""地震安全示范社区""卫生应急综合示范社区""平安社区"等创建工作，完善相关创建标准规范，提高社区应急规范化水平。2022年2月14日国务院发布了《"十四五"国家应急体系规划》，指出："推动国家安全发展示范城市、全国综合减灾示范县（市、区、旗）和全国综合减灾示范社区创建工作，新增全国综合减灾示范社区3000个以上，充分发挥示范引领作用。"基于国家层面的政策规定，重庆科学推进社区安全项目的建设。截至本书写作时，重庆乡镇街道已经建设的安全项目包括综合减灾示范社区、平安社区、地震安全示范社区、安全社区、侨务工作明星社区、百日纳凉送爽工程、三创工程、基层应急管理规范化工程、和谐示范社区（村）工程、百县千乡万村无邪教创建示范工程、扫黑除恶专项行动等等。以综合减灾示范社区这个实践项目为例来进行分析。综合减灾示范社区在2018年机构改革之前，是由民政系统进行负责创建的，在国家层面，印发的文件有民政部颁布的《全国综合减灾示范社区创建规范》（MZ/T 026—2011）、

《全国综合减灾示范社区创建管理暂行办法》《国家减灾委员会办公室关于印发全国综合减灾示范社区标准的通知》（国减办发〔2013〕2号）等。2018年机构改革后，是由应急管理部进行负责实施。为了更好地创建综合减灾示范社区，贯彻落实《中共中央国务院关于推进防灾减灾救灾体制机制改革的意见》和《中共中央国务院关于推进安全生产领域改革发展的意见》要求，统筹推进全国综合减灾示范社区创建，扎实做好城乡社区综合减灾工作，筑牢防灾减灾救灾的人民防线，国家减灾委员会、应急管理部、中国气象局、中国地震局对2018年制定的《全国综合减灾示范社区创建管理办法》进行了修订，新修订的全国综合减灾示范社区创建的基本条件共计十项，分别是有社区灾害风险定期排查制度；有社区灾害风险地图；有事故隐患清单和脆弱人群清单；有预警信息发布渠道，预警信息覆盖率100%；有满足社区需求的应急避难场所；有应急物资储备点并储备必要的应急物资和救援装备；有综合应急队伍，至少有1名经过培训的灾害信息员；有符合建设要求的微型消防站，社区消防车通道畅通；有社区应急预案，每半年至少组织一次应急演练和防灾减灾科普宣传教育活动。有社区医疗救护站。主要建（构）筑物达到当地抗震设防要求。在申报年及前3个自然年内没有发生责任灾害事故，具体创建标准如下表4.1所示。

重庆从2015年—2021年，综合减灾示范社区取得丰硕成果：2015年创建了24个综合减灾示范社区，2016年创建了26个综合减灾示范社区，2017年创建了28个综合减灾示范社区，2018年重庆全市创建27个综合减灾示范社区，2019年重庆全市创建15个综合减灾示范社区，2020年重庆全市创建14个综合减灾示范社区，2021年重庆全市创建14个综合减灾示范社区，上述具体创建名单如下表所示：具体创建名单见表4.2~4.8。

四、重庆基层应急管理的特点

表4.1 全国综合减灾示范社区创建标准

全国综合减灾示范社区创建标准
一、基本条件 （一）有社区灾害风险定期排查制度，有社区灾害风险地图，有事故隐患清单和脆弱人群清单。 （二）有预警信息发布渠道，预警信息覆盖率100%。 （三）有满足社区需求的应急避难场所。 （四）有应急物资储备点并储备必要的应急物资和救援装备。 （五）有综合应急队伍，至少有1名经过培训的灾害信息员。 （六）有符合建设要求的微型消防站，社区消防车通道畅通。 （七）有社区应急预案，每半年至少组织一次应急演练和防灾减灾科普宣传教育活动。 （八）有社区医疗救护站。 （九）主要建（构）筑物达到当地抗震设防要求。 （十）在申报年及前3个自然年内没有发生责任灾害事故。 二、基本要素 （一）组织管理。 1.加强对社区综合减灾工作的组织领导，明确具体负责本社区防灾减灾救灾、安全生产工作的领导机构，将社区综合减灾能力建设与社区治理、网格化管理和公共服务等有机结合起来，同时研究部署。 2.制定社区综合减灾规章制度，与乡镇（街道）应急管理、民政、派出所、自然资源、水利、医疗卫生等单位以及有关社会组织、邻近社区建立协调联动机制，规范开展综合减灾工作。 3.在社区推进灾害事故风险隐患网格化管理，网格员发现的事故隐患处置率100%。 4.在防灾减灾救灾、安全生产等方面有一定的经费保障，并严格管理和规范使用。鼓励社区居民参加各类灾害事故保险，提高防范化解风险的能力。 5.建立规范、齐全的创建管理工作档案，包括社区综合减灾工作的文字、照片、音频、视频等资料，及时通过示范社区创建管理系统上报有关情况。 （二）风险评估。 1.定期开展社区灾害风险评估，制作社区灾害风险地图，标示灾害风险类型、隐患点分布、风险等级、疏散路线、应急避难场所和安置点布局、消防和医疗设施位置等，并在社区公开。

续表

  2.定期开展社区脆弱人群走访，建立包括老年人、儿童、孕妇、病患者和残障人员等的脆弱人群清单，明确脆弱人群结对帮扶救助措施，并向脆弱人群发放防灾减灾明白卡，明确社区灾害事故风险隐患和防范措施，注明社区应急联系人和联系方式。

  3.协助行业主管部门定期开展辖区内市政管线检查，确保供电、供水、供气等管线安全运行。居住建筑电气线路安装敷设规范，不私拉乱接电线，及时更换老化损坏的电气线路。

  4.协助行业主管部门定期开展检查辖区内高层建筑电梯检查，确保安全运行。评估人员密集场所风险，建立大客流监测预警和应急管控制度。

  5.定期开展消防车通道和居民楼内疏散通道、安全出口检查，确保生命通道符合标准要求，未被占用、堵塞、锁闭，未堆放影响安全疏散的物品。住宅楼的竖向管井管道防火封堵严密，电缆井、管道井等公共区域以及配电柜、电表箱等处不堆放易燃可燃物品。

  6.协助行业主管部门定期检查辖区内防雷安全，检查违规储存、使用或销售易燃易爆危险物品等情况。

  （三）隐患治理。

  1.建立社区事故隐患清单，强化对重点场所、重点部位的隐患排查，明确事故危险源、危险设施、设施损坏、设备缺失等相关信息，制定实施隐患治理方案，有关治理情况在社区公开。

  2.汛前开展社区防汛检查，整改洪水、内涝、雷击风险隐患点。在地质灾害隐患点设置警示标识，并加强日常监测。林（牧）区社区周边开设必要的防火隔离带，定期开展森林（草原）火灾隐患排查。

  3.管道燃气、供电、通信、有线电视等专业经营单位定期维护保养公共电气设备设施，及时整改电气火灾隐患。

  4.开展电动自行车违规停放治理，电动自行车集中停放。设置符合用电安全要求的充电设施，充电场所满足消防安全条件。因客观条件无法设置集中停放、充电场所的，应加强日常管理，做好巡查、检查。

  5.辖区内餐饮场所按规定安装可燃气体浓度报警装置。

  6.建立辖区内事故与伤害记录机制，指定专人每季度进行一次生产安全、消防安全、交通安全、社会治安、燃气安全等各类事故与伤害数据的收集、整理与分析。

  （四）基础设施建设。

  1.辖区内学校、医院、生命线系统等重点设防类设施按高于本地区抗震设防烈度一度的要求加强其抗震措施，其他重大工程依据地震安全性评价结果进行抗震设防，主要建（构）筑物均达到当地抗震设防要求。

续表

  2.结合社区常见灾害类型和风险等级，充分利用公园、广场、城市绿地、学校、体育场馆、社区综合服务设施等已有设施，通过改扩建、新建等方式推进应急避难场所建设，鼓励因地制宜、资源共享、综合利用，满足居民紧急避险和转移安置需求。在应急避难场所、关键路口等醒目位置，设置安全应急标志或指示牌，张贴应急疏散路径示意图。采用"平灾结合"方式新建一批布局合理、功能复合的防灾避险绿地。

  3.依托社区卫生服务机构建立社区医疗救护站，提供急救服务。

  4.各类建筑依据国家消防技术标准，设置消防设施，配备灭火器材，积极运用消防远程监控系统、电气火灾监测、物联网技术等技防物防措施。定期对消防设施设备进行检测和维护保养，确保完好有效。

  5.设有符合建设要求的社区微型消防站，队员由受过基本灭火技能训练的保安员、治安联防员、社区工作人员等担任。

  6.社区消防车通道符合国家消防规范，建筑之间不违章搭建建（构）筑物，不占用防火间距、消防车作业场地，不设置遮挡排烟窗（口）或影响消防扑救的架空管线、广告牌等障碍物。居住区绿化应避免遮挡排烟窗（口）或对消防扑救造成影响。

  7.建有社区灾害事故预警系统，实时监控辖区内自然灾害、生产安全、火灾、高空坠物等风险，能够迅速发布当地气象、洪涝、地质、火灾等灾害事故预警信息。结合使用大数据、自媒体等新技术新手段和大喇叭、吹哨子等传统手段，确保预警信息在短时间内覆盖社区全体居民。

  （五）应急物资保障。

  1.有社区应急物资储备点，备有救援工具（如铁锹、撬棍、救援绳索、担架、灭火器、防洪沙袋、水泵等）、应急通信设备（如喇叭、对讲机、警报器等）、照明工具（如手电筒、应急灯、移动照明、小型发电机等）等，并做好日常管理维护和更新。

  2.建立应急物资社会储备机制，积极与社区内及邻近超市、企业等合作开展救灾应急物资协议储备，保障灾后生活物资和应急救援设备等供给。

  3.鼓励和引导居民家庭储备必要的应急物品，如逃生绳、灭火器、手电筒、常用药等，推广使用家庭应急包。

  （六）应急力量建设。

  1.组建社区综合应急队伍，配有适合当地灾害救援特点的救援装备，承担日常应急任务。

  2.与社区邻近综合消防救援队伍建立联动机制，积极引导各类社会组织、志愿者参与社区综合减灾工作。

续表

3.社区至少有一名灾害信息员，从事灾害事故等应急信息报送工作，并参加有关部门组织的防灾减灾救灾、安全生产、消防等培训。

4.加强社区楼（栋）长、居民代表、学校代表、医院代表、企事业单位代表、专家学者等参加的应急志愿者队伍建设，注重发挥具有医疗、教育、应急等专业技能的居民，以及挂职干部、大学生村官、支教教师等在社区综合减灾中的作用，指导开展风险隐患排查治理、先期应急处置、防灾减灾科普宣传教育、治安巡逻、帮扶弱势群体等工作。

5.引导辖区内学校、医院、工贸企业、商场等企事业单位积极组织开展综合减灾活动，并主动参与社区综合减灾活动。

6.辖区内生产、经营、储存危险物品的单位以及矿山、金属冶炼、城市轨道交通运营、建筑施工单位等建有应急救援组织。生产经营规模小的，有兼职应急救援人员。

（七）预案编制与演练。

1.制定适应社区特点的应急预案，明确协调指挥、预警通知、隐患排查、转移安置、物资保障、信息报告、医疗救护等小组分工，明确预警信息发布方式和渠道，明确应急避难场所分布、应急疏散路径以及临时设立的生活救助、医疗救护、应急指挥等功能分区的位置，明确社区所有工作人员、脆弱人群和流动务工人员的联系方式以及结对帮扶责任分工，明确在社区封闭化管理后的特殊保障措施等内容。

2.辖区内生产经营单位组织制定并实施本单位的生产安全事故应急预案，并及时更新。

3.每半年至少开展一次以防火、防震、防洪、防地质灾害、防台风等为主要内容的社区应急演练，做好充分的演练准备，明确演练重点检验内容，包括组织指挥、隐患排查、监测预警、灾情上报、人员疏散、转移安置、自救互救、善后处理等环节。

4.通过多种方式积极吸纳社区居民、社区内企事业单位、社会组织和志愿者等广泛参与，尤其争取更多中小学生参加，充分发挥"小手拉大手"的作用。

5.根据社区灾害事故风险变化、社区实际以及应急演练中发现的问题，及时修订应急预案，不断提升预案的针对性、适用性、操作性。

（八）宣传教育。

1.有相对固定的科普宣传教育场地，鼓励有条件的社区建设综合减灾科普宣传教育基地或应急体验馆，定期向社会开放，为中小学生、老年人、残疾人等不同社会群体提供体验式、参与式科普宣传教育服务。

2.综合利用乡镇（街道）、社区综合服务设施和社区多功能活动室、会议室、图书室等，设置防灾减灾科普宣传教育专区，张贴防灾减灾法律法规和有关常识、灾害风险图、隐患清单、应急预案流程图等宣传挂图，方便居民学习了解。

续表

　　3.充分发挥广播、电视、网络、手机、电子显示屏等载体的作用,做好经常性综合减灾科普宣传教育。积极开展群众性综合减灾文化创演活动,鼓励文艺团体、业余文艺演出队进行相关文艺创作。

　　4.定期开展符合当地特点的综合减灾培训,发放社区和家庭应急指导手册,提升居民应对地震、洪涝、台风、强对流天气、地质灾害、火灾、燃气、交通等不同灾害事故的逃生避险和自救互救技能。

　　5.结合全国防灾减灾日、全国科普日、全国消防日、安全生产月、国际减灾日、世界气象日、世界地球日等,以及农闲、节庆、集市、庙会、民俗活动和外出务工人员返乡等时机,每半年至少集中开展一次防灾减灾救灾、安全生产、消防等大型科普宣传教育活动,社区居民参与率在10%以上。

　　6.鼓励辖区内企业开展"公众开放日"活动,邀请社区居民走进企业,近距离接触生产、了解生产,为企业安全管理建言献策。

　　(九)创建特色。

　　1.利用具有当地特色的方式进行防灾减灾科普宣传教育,充分调动社区居民参与社区综合减灾工作。

　　2.积极推进智慧社区建设,应用物联网、云计算、人工智能、5G、大数据等新技术提升社区应急管理能力。

　　3.各类灾害事故监测预警和应急指挥系统实现互联互通,具有较高的信息化水平。

　　4.创造性地整合社区资源,与高校、科研院所、科技企业等开展防灾减灾领域的合作,取得明显效果。

　　5.在灾害事故风险防范和隐患排查治理方面,有成功的案例做法。

　　6.有其他独到的经验做法,对推动全国社区综合减灾工作具有一定示范意义。

表4.2 2015年重庆创建的全国综合减灾示范社区名单

2015年重庆创建的全国综合减灾示范社区名单	
序号	地址
1	万州区钟鼓楼街道棉花地社区
2	渝中区解放碑街道临江门社区
3	大渡口区跃进村街道大堰社区
4	江北区寸滩街道兰溪社区
5	沙坪坝区石井坡街道团结坝社区
6	九龙坡区白市驿镇黄金社区
7	万盛经济开发区青年镇更古村社区
8	巴南区鱼洞街道莲花社区
9	黔江区阿蓬江镇大坪村社区
10	綦江区赶水镇土台社区
11	铜梁区大庙镇文兴社区
12	大足区棠香街道水峰社区
13	荣昌区昌元街道白象社区
14	璧山区来凤街道来凤村社区
15	丰都县兴义镇长江社区
16	垫江县高安镇新曲村社区
17	武隆县巷口镇芙蓉中路社区
18	忠县汝溪镇九亭社区
19	秀山土家族苗族自治县中和街道官湖社区
20	彭水苗族土家族自治县汉葭街道文庙社区
21	江津区双福街道阳坪社区
22	永川区三教镇双河口社区
23	南川区民主乡文福村社区
24	北部新区鸳鸯街道丹鹤社区

http://www.ndrcc.org.cn/tzgg/12297.jhtml

表4.3 2016年重庆创建的全国综合减灾示范社区名单

序号	地址
\multicolumn{2}{c}{2016年重庆创建的全国综合减灾示范社区名单}
1	万州区牌楼街道万安社区
2	涪陵区白涛街道三门子村社区
3	渝中区大坪街道大坪正街社区
4	大渡口区九宫庙街道锦霞社区
5	江北区石马河街道南桥寺社区
6	九龙坡区铜罐驿镇陡石塔村社区
7	南岸区峡口镇西流村社区
8	巴南区花溪街道红光社区
9	黔江区沙坝乡脉东社区
10	潼南区桂林街道井田社区
11	铜梁区水口镇清泉社区
12	大足区龙岗街道学坝街社区
13	荣昌区清升镇火烧店社区
14	璧山区健龙镇白果村社区
15	梁平县大观镇安乐村社区
16	武隆县巷口镇中山社区
17	开州区汉丰街道九龙社区
18	奉节县永安街道香山社区
19	巫山县官渡镇杨林村社区
20	巫溪县古路镇社区
21	酉阳土家族苗族自治县龚滩镇新华社区
22	彭水苗族土家族自治县绍庆街道滨江社区
23	江津区鼎山街道艾坪社区
24	合川区南津街街道江亭路社区
25	永川区陈食街道复兴寺社区
26	两江新区翠云街道翠渝路社区

http://www.gov.cn/xinwen/2016-11/14/content_5132394.htm

表4.4　2017年重庆创建的全国综合减灾示范社区名单

2017年重庆创建的全国综合减灾示范社区名单	
序号	地址
1	万州区九池乡下场社区
2	大渡口区茄子溪街道刘家坝社区
3	江北区铁山坪街道五里坪社区
4	沙坪坝区覃家岗街道梨园社区
5	九龙坡区金凤镇龙凤社区
6	南岸区迎龙镇北斗村社区
7	綦江区扶欢镇安育村社区
8	大足区龙水镇幸光社区
9	渝北区龙山街道龙山路社区
10	渝北区康美街道金竹苑社区
11	巴南区鱼洞街道万泉街社区
12	黔江区城南街道沙坝社区
13	长寿区晏家街道育才路社区
14	江津区几江街道五举村社区
15	永川区来苏镇观音井村社区
16	潼南区桂林街道高庙村社区
17	荣昌区广顺街道黄家冲村社区
18	开州区文峰街道明镜石社区
19	梁平区福禄镇月亮村社区
20	武隆区仙女山镇石梁子社区
21	城口县复兴街道太和社区
22	丰都县高家镇川祖社区
23	垫江县永安镇双桥村社区
24	忠县新立镇桂花村社区
25	奉节县永安街道羽声社区
26	巫山县骡坪镇茶园村社区
27	彭水苗族土家族自治县汉葭街道石嘴社区
28	涪陵区白涛街道建峰社区

https://www.mca.gov.cn/article/xw/tzgg/201712/20171215006995.shtml

四、重庆基层应急管理的特点

表4.5 2018年重庆创建的全国综合减灾示范社区名单

| 2018年重庆创建的全国综合减灾示范社区名单 ||
序号	地址
1	万州区武陵镇石桥村社区
2	涪陵区焦石镇东泉社区
3	大渡口区跃进村街道跃进社区
4	沙坪坝区磁器口街道金蓉社区
5	九龙坡区石板镇长青社区
6	南岸区弹子石街道富力社区
7	北碚区北温泉街道华光社区
8	綦江区永城镇中华社区
9	大足区龙岗街道西街社区
10	渝北区龙溪街道锦绣社区
11	巴南区鱼洞街道南园社区
12	江津区白沙镇麻柳塆社区
13	合川区合阳城街道沙坪社区
14	南川区山王坪镇龙泉村社区
15	潼南区米心镇高坎村社区
16	荣昌区安富街道通安村社区
17	梁平区铁门乡铁门社区
18	武隆区火炉镇木水村社区
19	开州区云枫街道龙珠社区
20	万盛经开区万东镇新房社区
21	垫江县桂溪街道黄金社区
22	忠县官坝镇丰收社区
23	云阳县青龙街道张家坝社区
24	奉节县鱼复街道新竹社区
25	巫山县两坪乡仙桥村社区
26	秀山土家族苗族自治县雅江镇江西村社区
27	酉阳土家族苗族自治县黑水镇平地坝村社区

http://www.aqsc.cn/news/201901/16/c97821.html

表4.6 2019年重庆创建的全国综合减灾示范社区名单

2019年重庆创建的全国综合减灾示范社区名单	
序号	地址
1	渝中区七星岗街道临华路社区
2	万州区双河口街道学堂湾社区
3	涪陵区增福乡延寿村
4	大渡口区八桥镇融城社区
5	江北区大石坝街道大路社区
6	南岸区铜元局街道广东山社区
7	巴南区界石街道梨花社区
8	江津区几江镇桥南社区
9	合川区合阳城街道洛阳溪社区
10	梁平区双桂街道皂角社区
11	两江新区天宫殿街道星湖路社区
12	忠县拔山镇五星村
13	云阳县青龙街道白鹤社区
14	石柱县万安街道红卫社区
15	彭水县汉葭街道渔塘社区

https://www.mem.gov.cn/gk/tzgg/yjbgg/201912/t20191219_342467.shtml

表4.7 2020年重庆创建的全国综合减灾示范社区名单

2020年重庆创建的全国综合减灾示范社区名单	
序号	地址
1	大渡口区跃进村街道革新社区
2	綦江区古南街道连城村
3	巴南区李家沱街道西流沱社区
4	长寿区凤城街道黄桷湾社区
5	江津区几江街道南门社区
6	铜梁区大庙镇龙岩村
7	潼南区双江镇双江社区

续表

2020年重庆创建的全国综合减灾示范社区名单	
序号	地址
8	垫江县桂溪街道玉河社区
9	垫江县鹤游镇石鼓社区
10	云阳县宝坪镇红电村
11	云阳县江口镇和平社区
12	石柱土家族自治县南宾街道正街社区
13	酉阳土家族苗族自治县桃花源街道桃花源社区
14	两江新区天宫殿街道东湖北路社区

https://www.mem.gov.cn/gk/zfxxgkpt/fdzdgknr/202102/t20210207_379798.shtml

表4.8　2021年重庆创建的全国综合减灾示范社区名单

2021年重庆创建的全国综合减灾示范社区名单	
序号	地址
1	涪陵区清溪镇青龙村
2	渝中区化龙桥街道嘉博路社区
3	渝北区两路街道义学路社区
4	巴南区龙洲湾街道百节社区
5	巴南区界石镇东城社区
6	合川区土场镇坝子社区
7	綦江区打通镇天星村
8	璧山区七塘镇喜观村
9	梁平区双桂街道新民社区
10	梁平区双桂街道太和社区
11	武隆区和顺镇打蕨村
12	云阳县南溪镇天河村
13	石柱县南宾街道红井社区
14	两江新区翠云街道云竹路社区

https://www.mem.gov.cn/gk/zfxxgkpt/fdzdgknr/202211/t20221114_426736.shtml

41

表4.9 《全国综合减灾示范社区创建标准》评分参考表

一级指标	二级指标	评定内容	满分分值	考核分数
1.组织管理（10分）	1.1组织领导	加强对社区综合减灾工作的组织领导，明确具体负责本社区防灾减灾救灾、安全生产工作的领导机构。每年至少召开一次会议。	2	
	1.2工作制度	制定社区综合减灾规章制度，与乡镇（街道）有关单位及社会组织、邻近社区建立协调联动机制，规范开展综合减灾工作。	1	
	1.3网格化管理	在社区推进灾害事故风险隐患网格化管理，社区网格化覆盖率100%。	2	
		网格员发现的事故隐患处置率100%。	1	
	1.4经费投入	在防灾减灾救灾、安全生产等方面有一定的经费投入，并严格管理和规范使用。	2	
	1.5参加保险	鼓励社区居民参加各类灾害事故保险。	1	
	1.6工作档案	建立规范、齐全的创建管理工作档案，每年通过示范社区创建管理系统上报一次有关情况。	1	
2.风险评估（10分）	2.1灾害风险地图	定期开展社区灾害风险评估。至少每半年一次。	1	
		社区灾害风险地图标识清晰，实用性强。	1	
	2.2脆弱人群清单	社区脆弱人群清单涵盖辖区内所有脆弱人群，明确脆弱人群结对帮扶救助措施，向脆弱人群发放防灾减灾明白卡。	1	
	2.3市政管线检查	协助行业主管部门定期检查辖区内市政管线，确保安全运行。	1	
		居住建筑电气线路安装敷设规范，及时更换老旧损坏电气线路。	1	
	2.4场所和设施检查	协助行业主管部门定期检查辖区内高层建筑电梯，确保安全运行。	1	
		评估人员密集场所风险，建立大客流监测预警和应急管控制度。	1	
	2.5生命通道畅通	定期检查消防车通道和居民楼内疏散通道、安全出口，确保生命通道畅通。	1	
	2.6易燃易爆危险化学物品管理	住宅楼的竖向管井管道防火封堵严密，电缆井、管道井等公共区域不堆放易燃可燃物品，合格率100%。	1	
		辖区内防雷设施完备，无违规储存、使用或销售易燃易爆危险物品等情况。	1	

续表

一级指标	二级指标	评定内容	满分分值	考核分数
3.隐患治理（12分）	3.1事故隐患清单	建立社区事故隐患清单，制定实施隐患治理方案。	2	
		采取有效措施治理事故隐患，并每半年一次在社区公开。	1	
	3.2灾害隐患治理	汛前开展社区防汛检查，有效整改洪水、内涝、雷击风险隐患点。	1	
		在地质灾害和交通、溺水事故隐患点设置警示标识，并加强日常巡查。	1	
	3.3电气火灾隐患治理	管道燃气、供电、通信、有线电视等专业经营单位定期维护保养公共电气设备设施，及时整改电气火灾隐患。	1	
	3.4电动自行车管理	治理电动自行车违规停放，电动自行车充电场所满足消防安全条件。因客观条件无法设置集中停放、充电场所的，加强日常管理。	2	
	3.5可燃气体报警装置	辖区内餐饮场所按规定安装可燃气体浓度报警装置，安装率100%。	1	
	3.6事故与伤害记录机制	建立辖区内事故与伤害记录机制，指定专人每季度进行一次各类事故与伤害数据的收集、整理与分析。	3	
4.基础设施建设（20分）	4.1抗震设防水平	辖区内学校、医院、生命线系统等重点设防类设施按高于本地区抗震设防烈度一度的要求加强其抗震措施，其他重大工程依据地震安全性评价结果进行抗震设防，主要建（构）筑物均达到当地抗震设防要求。	5	
	4.2建立设置应急避难场所	结合区域常见灾害类型和风险等级，充分利用公园、广场、城市绿地、学校、体育场馆、社区综合服务设施等已有设施，通过改扩建、新建等方式推进应急避难场所建设，鼓励因地制宜、资源共享、综合利用，满足居民紧急避险和转移安置需求。	2	
		在应急避难场所、关键路口等醒目位置，设置安全应急标志或指示牌，张贴应急疏散路径示意图。	1	
	4.3社区医疗救护站	依托社区卫生服务机构建立社区医疗救护站，提供急救服务。	2	
	4.4消防设施	各类建筑依据国家消防技术标准配置器材，设置消防设施。	2	
		定期对消防设施设备进行监测和维护保养，确保完好有效。	2	

续表

一级指标	二级指标	评定内容	满分分值	考核分数
4.基础设施建设（20分）	4.5社区微型消防站	社区微型消防站队员由受过基本灭火技能训练的人员等担任，至少6人以上。	2	
	4.6社区消防车通道	建筑之间不违章搭建建（构）筑物，不占用防火间距、消防车作业场地，不设置遮挡排烟窗（口）或影响消防扑救的障碍物。	2	
	4.7灾害事故预警信息发布	社区灾害事故预警系统正常运转，预警信息在短时间内覆盖全体居民，覆盖率100%。	2	
5.应急物资保障（8分）	5.1应急物资储备点	社区应急物资储备点备有救援、通信、照明等工具和设备，并做好日常管理维护和更新。	4	
	5.2应急物资社会储备机制	与社区内及邻近超市、企业等合作开展救灾应急物资协议储备。	2	
	5.3家庭储备	鼓励和引导居民家庭储备必要的应急物品，推广使用家庭应急包。	2	
6.应急力量建设（10分）	6.1社区综合应急队伍	社区综合应急队伍配有适合当地灾害救援特点的救援装备。	2	
	6.2社会力量	与社区邻近消防救援队伍建立联动机制，积极引导至少1个社会组织参与社区综合减灾工作。	2	
	6.3灾害信息员	社区灾害信息员及时报送灾害事故等应急信息，并经常参加各类培训，每年参加培训次数不少于2次。	2	
	6.4志愿者队伍	有参与综合减灾工作的志愿者队伍，人数在10人以上。	2	
	6.5辖区企事业单位	辖区内学校、医院、工贸企业、商场等企事业单位积极组织开展综合减灾活动，并主动参与社区活动。	1	
		辖区内有关企事业单位建有应急救援组织。生产经营规模小的，有兼职应急救援人员。	1	
7.预案编制与演练（10分）	7.1社区预案	应急预案适应社区特点，操作性强。	1	
		预案中明确小组分工、预警信息发布方式方式和渠道，以及明确应急避难场所分布、应急疏散路径等。	1	
		预案中明确社区所有人员联系方式以及结对帮扶责任分工，明确在社区封闭化管理后的特殊保障措施。	1	
	7.2辖区单位预案	辖区内生产经营单位组织制定并实施本单位的生产安全事故应急预案，并及时更新。	2	

四、重庆基层应急管理的特点

续表

一级指标	二级指标	评定内容	满分分值	考核分数
7.预案编制与演练（10分）	7.3预案演练	做好充分的演练准备，明确演练重点检验内容。每半年至少有一次演练。	2	
		积极吸纳社区居民、社区内企事业单位、社会组织和志愿者等广泛参与。社区居民参与比例不低于演练总人数的30%。	2	
	7.4预案修订	根据社区灾害事故风险变化、社区实际以及应急演练中发现的问题，每年修订一次应急预案。	1	
8.宣传教育（10分）	8.1科普宣传教育场地	定期向社会开放科普宣传教育场地，为不同社会群体提供防灾减灾科普宣传教育服务。	2	
		鼓励有条件的社区建设综合减灾科普宣传教育基地或应急体验馆。	2	
	8.2经常性科普宣传教育	设置防灾减灾科普宣传教育专区，张贴防灾减灾宣传挂图。	1	
	8.3大型科普宣传教育活动	在防灾减灾大型科普宣传教育活动中，社区居民参与率10%以上。	2	
	8.4综合减灾培训	定期开展综合减灾培训，发放社区和家庭应急指导手册。每个季度至少开展一次。	2	
	8.5辖区内企业公众开放日	鼓励辖区内企业开展"公众开放日"活动，邀请社区居民走进企业。	1	
9.创建特色（10分）	9.1宣传教育特色	防灾减灾科普宣传教育具有当地特色，能充分调动社区居民参与社区综合减灾工作。	2	
10.创建特色（10分）	9.2高新技术运用	推进智慧社区建设，应用物联网、云计算、人工智能、5G、大数据等新技术，提升社区应急管理能力。	2	
	9.3预警信息共享	各类灾害事故监测预警和应急指挥系统实现互联互通，具有较高的信息化水平。	2	
	9.4整合辖区资源	整合社区资源，与高校、科研院所、科技企业等开展防灾减灾领域的合作，取得明显效果。	2	
	9.5成功经验和做法	在灾害事故风险防范和隐患排查治理方面，有成功的案例做法。	1	
		有其他独到的经验做法，具有一定示范意义。	1	

（三）治理工具智能化

1. 实践理念

基层应急管理工具智能化是指依托互联网、物联网等，通过智能监测、智能安全服务，在基层社区构建现代化、智能化、技术化的公共安全网。基层应急管理之所以呈现此特点，主要是源于国家、重庆市政府在智能化、信息化建设方面制定的政策规定和发展规划，具体如下：2015年7月4日国务院发布了《关于积极推进"互联网+"行动的指导意见》（国发〔2015〕40号），指出"完善互联网融合标准规范和法律法规，增强安全意识，强化安全管理和防护，保障网络安全"，还对网信办、发展改革委、科技部、工业和信息化部、公安部、安全部、质检总局、法制办、商务部、工商总局等部门如何保障安全基础、智能建设进行了规定。2017年11月27日国务院发布了《关于深化"互联网+先进制造业"发展工业互联网的指导意见》，该意见指出："充分发挥国家专业机构和社会力量作用，增强国家级工业互联网安全技术支撑能力，着力提升隐患排查、攻击发现、应急处置和攻击溯源能力""构建工业互联网网络安全态势感知预警、网络安全事件通报和应急处置等机制""到2025年，形成覆盖工业互联网设备安全、控制安全、网络安全、平台安全和数据安全的系列标准，建立健全工业互联网安全认证体系；工业互联网安全产品和服务得到全面推广和应用；工业互联网相关企业网络安全防护能力显著提升；国家级工业互联网安全技术支撑体系基本建成。"2018年10月31日中共中央政治局就人工智能发展现状和趋势进行了第九次集体学习，在学习过程中，中共中央总书记习近平指出要"促进人工智能在公共安全领域的深度应用"。2017年4月17日重庆市人民政府印发了《重庆市突发事件应急体系建设"十三五"规划》，该规划指出："十三五"期间要加强基层应急平台终端信息采集能力建设，实现突发事件视频、图像、灾情等信息的快速报送。推进"互联网+"在应急平台中的应用。完善应急地理信息共享平台、风险管理信息平台、安全生产应急救援指挥应急平台、交通运行管理平台、环境风险应急指挥平台、智慧市政应急指挥平台、山洪灾害预测预警平台等专业应急平台建设，提高突发事件专业信息汇集、应急决策和指挥调度能力。并且在"十三五"期间推进了以"天地图"为基础的应急信息资源"一张图"建设工作，为较好实现基层应急管理的智能化建设奠定了政策基础和发展平台。在机构改革后，重庆非常注重基层应急管理的智能化建设，具体内容如下。

2018年全市应急管理工作要点是加快智能应急平台建设、制定应急平台体系数据标准、现场视频图像实时调阅和上传等。

2021年9月30日重庆市人民政府发布了《重庆市应急管理"十四五"规划》，指出在"十四五"期间，重庆市应急管理要在传统基础设施智能化水平，现场指挥部信息化和智能化建设，企业加强安全技术设备设施升级改造，推进信息化、智能化、自动化建设，非煤矿山企业安全生产管理信息化，企业重点危险岗位视频监控智能化建设，实施地质灾害智能化监测预警项目建设，应急预案的动态管理和智能化应用，重点开展无人化灾害处置技术与装备，智能化矿井定位（防撞、调度）技术与装备，加强执法装备信息化、智能化建设、重点推进城市安全运行，重大基础设施等灾害快速响应技术装备，智能化、无人化快速处置修复技术装备的应用，地质灾害隐患综合遥感识别和智能化监测预警建设项目，提升气象预报系统智能化水平，安全生产考试点智能化管理等方面加强智能化建设。

2. 实践做法

基于上述政策，重庆基层应急管理取得较好的实践探索：

一是重庆开始探索人工智能在重庆基层社区公共安全治理中的应用。通过社区风险智能监测的运用来看：主要做法是采取差异化的措施进行社区风险的智能监测，并且依托每年的智博会进行技术创新：一方面，在社区的关键区域安装摄像头；另一方面，在人口密集的社区，采取试点方式，安装人脸识别门禁、人车微卡口、智能门禁系统等，及时发现各类社区风险并进行控制。

二是探索出了较为有效的智能化实践方式。如重庆垫江近年来利用移动通信技术，将农村的村民、村干部、辖区治安室（警务室）组成一个虚拟网。发生盗窃、抢劫、暴雨、山体滑坡、火灾等紧急情况时，用户可拨打"6995"向群组内其他成员发起语音请求，就近的村民、村干部、治安室能立即收到求救信息并马上参与救助。同时，该平台还具备政务管理能力，主要包含警情监控、政务办公、信息发布等功能模块，以"全天候、零距离、全覆盖"的信息化手段，助力社会治安综合治理从被动应对处置向主动预测预警预防转变。这种做法也吻合了中国共产党第二十次全国代表大会报告中提出的"推动公共安全治理模式向事前预防转型"。

（四）治理主体的多元化

1. 实践理念

基层应急治理主体多元化主要是以枫桥经验为基础，通过创新社区公共安全治理的预防机制和控制方法，调动社会组织、人民群众等社会力量融入基层社区应急管理的事前预防、事中处置、事后恢复，协助政府开展基层社区公共安全治理工作，使得基层社区各种风险隐患、矛盾纠纷等及时得到解决，做到共建共治共享社区公共安全。

2. 实践做法

该理念产生系列成果：永川乡贤评理堂、江北的老马工作室、万州楼宇工作者、南岸三事分流、九龙坡老杨群工、彭水的五老自治队、沙坪坝的和顺茶馆、荣昌新风小院等。如永川乡贤评理堂的做法为：永川乡贤评理堂通过挖掘并利用当地1000多名乡贤的力量，化解基层社区的矛盾纠纷，通过硬件设施建设标准化，提供了社区公共安全共建的保障；通过工作流程化（四个流程：受理—准备—实施—结果），提供了社区公共安全共治的保障；通过党建引领统筹协调机制、动态考核评级摘牌机制等机制的保障，确保了社区公共安全共享的保障，这种有效做法成功入选了2018年全国创新社会治理典型案例。南岸区的三事分流，将社区事务依据公共属性大小，分流成"大事、小事、私事"，在源头厘清职责边界，"大事政府管，小事村居管，私事自己管"，通过意见收集会听取民意、议题讨论会汇聚民智、议事决策会兑现民愿、群众评议会接受监督，实现动员社区个体参与基层安全治理工作。在2018年机构改革后，为了更好地激发人

四、重庆基层应急管理的特点

民群众参与应急管理工作的积极性，全市统一设置"12350"安全生产举报投诉特服电话，由各区县（自治县，以下简称区县）安委会办公室（区县应急局）负责统一受理各行业领域安全生产举报，市安委会办公室（市应急局）负责监督工作。任何单位、组织和个人（以下统称举报人）可以拨打该电话举报重大事故隐患和安全生产违法行为，或者以书信、电子邮件等方式举报重大事故隐患和安全生产违法行为。经查证属实后，对有效举报人按照以下标准给予奖励，并依据2021年5月13日重庆市应急管理局印发的《重庆市安全生产举报奖励办法》，指导社会群众举报工作，其中办法规定奖励金额按照行政处罚金额的15%计算，最高不超过30万元。举报瞒报、谎报生产安全事故的，按照最终确认的事故等级和查实举报的瞒报谎报死亡人数给予奖励，其中：一般事故按每查实谎报瞒报1人奖励3万元计算；较大事故按每查实瞒报谎报1人奖励4万元；重大事故按每查实瞒报谎报1人奖励5万元计算；特别重大事故按每查实瞒报谎报1人奖励6万元计算。最高奖励不超过30万元。并且规范和明确各行业领域安全生产重点举报事项清单，其中规定了未取得许可证从事危险化学品生产经营活动等十四项举报情形，并明确了受理核查处理部门为市、区县应急局、生态环境局；规定了烟花爆竹批发企业经营超标、销售违禁产品或销售不合格、过期、残损产品等十七项举报情形，明确受理部门是市、区县应急局、公安局；规定了地下非煤矿山在井下巷道或采场顶帮危岩未及时清理的情况下，冒险作业或通行等十七项举报情形，明确受理部门是市、区县应急局、规划和自然资源局、公安局；规定了露天矿山使用采掘、运输、排土和其他机械设备，在可能危及人员安全的地点有人停留或通行等十二项举报情形，明确受理核查处理部门是市、区县应急局、规划和自然资源局、公安局。规定了尾矿库在库区从事乱采、滥挖、非法爆破等七项举报情形，明确受理核查处理部门是市、区县应急局、规划和自然资源局、公安局。明确建设施工没有获得有关安全生产许可证或证照不全、证照过期、证照未变更从事建设活动的，或者将生产经营项目发包给不具备安全生产条件或相应资质（资格）的单位或者个人等十一项举报情形，明确受理核查处理部门是市、区县住建、交通、水利、市政、电力等对建设项目负有监管职责的行业主管部门；明确城市管理市政设施养护维修施工现场未按照规范设置警示标志，未采取安全防护措施保障行人、车辆安全等十三项举报情形，受理部门是市、区县城市管理局；明确民用爆炸物品未取得许可或超许可范围从事民用爆炸物品的生产、储存、销售、购买和运输九项举报情形，受理部门是市、区县经信委、公安局、交通局；明确城镇燃气非法经营管道天然气、液化天然气、压缩天然气和液化石油气、二甲醚等十二项举报情形，受理核查处理部门是市、区县经信委；明确工贸行业未按照规定设置安全生产管理机构或者配备安全生产管理人员等十二项举报情形，受理核查处理部门是市、区县应急局和经信委；明确未经许可从事特种设备生产、检验检测等七项举报情形，受理核查处理部门是市、区县市场监管局；明确人员密集场所未依法经消防设计审核或消防设计备案，擅自施工等六项举报情形，受理核查处理部门是市、区县住房城乡建委、城市管理局、公安局、消防救援机构。明确道路运输未取得许可从事班线、公交、出租、货运、机动车维修和驾驶员培训等经营活动等九项举报情形，受理核查处理部门是市、区县交通局和公安局；明确水路运输未取得许可或超出许可范围从事水路运输经营、使用未取得有关合格证件的船舶从事水路运输等八项举报情形，受理核查处理部门是市、区县交通局和海事机构；明确港口营运未取得许可从事港口经营活动、港口危险货物作业等八项举报情形，受理核查处理部门是市、区县交通局；明确城市轨道交通运营未经建设竣工验收合格的轨道交通等九项举报情形，受理核查处理部门是市、区县交通局和公安局；明确铁路运输运输法律、行政法规禁止生产和运输的危险物品等六项举报情形，受理核查处理部门是成都铁路监管局；明确存在职业病危害的用人单位未按规定实施建设项目职业病防护设施"三同时"管理等七项举报情形，受理核查处理部门是市、区县卫健委。后面会专门对社会力量参与应急管理工作进行专门分析，不再次赘述。

（五）发展的标准化

基层应急管理标准化主要体现在队伍建设的标准化、现场救援的标准

四、重庆基层应急管理的特点

化、管理的准军事化等方面。

1. 队伍建设的标准化

重庆非常重视基层应急管理队伍建设，在2018年机构改革之前，重庆出台了《关于加强基层应急管理工作的意见》（渝府发〔2008〕67号），其中重点指出要加强基层应急队伍建设，加强应急队伍的建设和管理，配备必要装备，开展教育培训工作，严明组织纪律，强化协调联动，提高综合应对和自我保护能力。2012年6月22日重庆市人民政府发布了《关于重庆市基层应急管理规范化建设标准（试行）》（渝办发〔2012〕204号），从组建一支应急小分队、加强应急小分队装备配备、建立完善管理调动制度、组织开展应急演习演练、组建应急志愿者队伍等五个方面进行标准化规定，其中要求乡镇街道应急小分队人员不少于20人，村社区应急小分队不少于10人，也对个人必备的防护用品配备和简单的专业应急抢险救援装备配备进行了规范，还要求基层应急救援队伍每半年开展1次集结拉练，每年组织开展1~2次应急实战演习，乡镇街道应急小分队每年集中训练时间不少于8天，每季度组织开展1次常发突发事件应急演练；村社区小分队每年集中训练不少于5天，每半年组织开展1次应急演练，各乡镇街道每半年组织开展1次重大隐患点、危险源范围内群众参与的应急疏散演练。乡镇街道、村社区根据人口数量和辖区面积，组建1~2支应急志愿者队伍，可与其他志愿者队伍整合使用。乡镇街道每支志愿者队伍规模不少于20人，村社区每支志愿者队伍规模不少于10人。每年组织应急志愿者队伍开展应急知识学习培训，培训时间不少于2天。还要求乡镇街道建立应急管理领导和办事机构，统一领导协调应急管理工作。成立应急管理领导小组，由乡镇街道行政主要负责人任组长，相关负责人任副组长，有关部门和单位负责人为成员，履行应急管理统一领导职责。整合政务值班和应急值守职能，组建乡镇街道应急管理办公室，统一设置在乡镇街道党政办（或综合科），履行统筹协调、政务值班和应急值守职责。在实践中，全市乡镇街道组织了基层警务人员、医务人员、民兵、预备役人员、物业保安、企事业单位应急队伍和志愿者等，建立了基层应急队伍，形成了乡镇街道—村社区—志愿者的基层应急队伍体系。在体量上，全市乡镇街道专兼职人员4300名、村社区应急管理工作人员3万余名、志愿者队伍15万人，构建了基层"大应急"工作体系，夯实基层应急组织基础，壮大基层应急力量，整合了基层应急资源，较好地筑牢突发事件预防和处置的第一道防线。

2018年11月9日，中共中央总书记习近平向国家综合性消防救援队伍授旗并致训词，他强调，组建国家综合性消防救援队伍，是党中央适应国家治理体系和治理能力现代化作出的战略决策，是立足我国国情和灾害事故特点、构建新时代国家应急救援体系的重要举措，对提高防灾减灾救灾能力、维护社会公共安全、保护人民生命财产安全具有重大意义。国家消防救援队伍要对党忠诚、纪律严明、赴汤蹈火、竭诚为民，在人民群众最需要的时候冲锋在前，救民于水火，助民于危难，给人民以力量，为维护人民群众生命财产安全而英勇奋斗。习近平对消防救援队伍提出4点要求：一是始终对党忠诚，坚持党的绝对领导，增强"四个意识"，坚定"四个自信"，全面贯彻新时代中国特色社会主义思想，坚定理想信念，坚决维护党中央权威和集中统一领导，坚决听从党的号令，永远做党和人民的忠诚卫士。二是做到纪律严明，坚持纪律部队建设标准，弘扬光荣传统和优良作风，严格教育、严格训练、严格管理、严格要求，服从命令、听从指挥，集中统一、步调一致，用铁的纪律打造铁的队伍。三是敢于赴汤蹈火，时刻听从党和人民召唤，保持枕戈待旦、快速反应的备战状态，练就科学高效、专业精准的过硬本领，发扬英勇顽强、不怕牺牲的战斗作风，刀山敢上，火海敢闯，召之即来，战之必胜。四是永远竭诚为民，自觉把人民放在心中最高位置，把人民褒奖作为最高荣誉，在人民群众最需要的时候冲锋在前，救民于水火，助民于危难，给人民以力量，在服务人民中传递党和政府温暖，为维护人民群众生命财产安全而英勇奋斗。习近平总书记授旗并致训词，为应急队伍建设提供了保障，使得重庆在行政管理体系上，初步形成了市、区县（自治县，以下简称区县）组建应急局，乡镇（街道）设立应急办三级行政管理体系。建成"专常群"（专业救援队伍、常备救援队伍、群众救援队伍）救援力量体系，形成了市级专业救援队伍、区县综合应急救援队伍的结构,且和消防救援队伍形成较好的协助配合救援结构。具体专业救援队伍是防汛、地质灾害、森林灭火、危化、矿山、隧道、水上和航空等领域14支市级专业救援队伍,共有专职专业队员近1200人,截至2020年,全市应急管理部门均组建了直属综合应急救援队伍,共有专职队员1500余名;已建成乡镇(街道)综合应急救援队909个,已建成社区应急救援站(微型消防站)2977个。

2. 现场救援的标准化

为了深入贯彻习近平总书记向国家综合性消防救援队伍授旗并致训词精神,为了更好地开展应急管理工作,重庆形成了市级专业救援队伍、区县综合应急救援队伍的格局,且和消防救援队伍形成较好的协助配合救援格局。重庆实施现场指挥官制度,负责组织实施某一专业领域应急处置战术应用的指挥人员,在现场抢险救援组组长的领导下开展工作。重庆市应急管理局于2020年4月28日印发《重庆市抢险救援技术指挥官管理暂行办法》,通过明确规范指挥官的任务、职责、权利、义务及聘任条件和程序,进一步提高突发事件现场抢险救援技术处置水平,确保现场处置指挥科学、有序、高效。

为了提高区县、乡镇(街道)综合应急救援队伍应急处置救援能力,2021年12月6日重庆市应急管理局印发《区县、乡镇(街道)综合应急救援队伍装备配备指导目录》,要求:个人防护要配备应急救援服、森林防火服、救援头盔、护目镜、逃生面具、面罩、救援手套、防扎防刺救援鞋、安全腰带、强光手电、急救包、救援口哨、水壶、雨具;中队(小队)还需配备漏电检测棒、卫星电话、救生照明线;大队配备重型防化服、轻型防化服、正压式空气呼吸器、空呼气瓶。森林灭火、防汛抗旱、地质地震、安全生产等专业救援也规范了装备配备,森林灭火救援班组需配备多功能水枪、二号工具、油锯、油桶、点火器;中队(小队)需配备风力灭火机、高压细水雾灭火器、割灌机、组合工具、移动水池($1\sim2m^3$);大队需配备自吸式小型供水车、灭火炮、灭火弹。防汛抗旱救援队班组需配备铁锹、专业救生衣;中队(小队)需配备救援伸缩杆、便携式水泵、兵工铲、救生圈；大队需配备冲锋舟、橡皮艇、水上救援飞翼、救援绳抛射器、高扬程潜水泵、挡水物料（编织袋等）、连体式水域救援服、管供式潜水设备、钢丝绳、网。地质地震专业救援班组需配备铜锣、高音喇叭、罗盘、皮尺、钢圈尺；大队需配备雷达式生命探测仪、多功能电锤、"蛇眼"探测仪、深度切割锯、起重气垫套件、液压（机械）支撑套件、电动剪扩钳、液压泵、液压镐、多功能切割机；安全生产救援队大队需配备多功能无齿锯、电动马刀锯、救援三角架及绞盘、救援缓降器、6m救援收缩式合金梯、50m救生索、轻巧型液压动力站、液压镐、液压开门器、液压万向剪切钳、手动破拆工具组、绝缘剪断钳、有毒物质密封桶、分水器、止水器、异径接头、T型旋紧封堵工具、捆绑式堵漏器、强磁堵漏器、金属套管堵漏器、移动式抽排风机、水上围油栏（阻燃型）。救援保障队伍班组需配备急救医疗箱、警戒带；中队（小队）需配备救援担架；大队需配备逃生气垫、闪光警示灯、全方位自动升降工作灯、线盘、航拍无人机、个人洗消帐篷、便携式应急电站、便携式发电机（5kW）、运兵车、救援器材运输车、8人班用帐篷（配睡具）。

乡镇（街道）综合应急救援队伍装备配备在个人防护、救援工具、救援保障等方面进行了标准化要求，其中个人防护上要求单兵配备应急救援服、森林防火服、防毒面罩、救援头盔、防刺防扎鞋、救援手套、护目镜、对讲机、急救包、强光手电、救援口哨、水壶、雨具（雨衣、雨靴）；小队（班组）需配备手提式防爆探照灯、安全绳、紧急呼救器（可定位、监控）。在救援工具方面，要求小队（班组）需配备铁锹、大锤、铁钎、罗盘、皮尺、钢圈尺、铜锣、高音喇叭、电动剪扩钳、6m救援收缩式合金梯、救援伸缩杆、救援绳抛射器、救援绳索、冲锋舟、橡皮艇、救生圈、救生衣、挡水物料（编织袋等）、风力灭火机、手提式机动消防水泵、消防灭火水枪、消防水袋、移动水池、油锯、组合工具、二号工具、点火器、多种气体检测仪。在救援保障方面，要求小队（班组）需要配备野外照明灯、警戒带、急救医疗箱、救援担架、便携式发电机、运兵车、器材运输车等。

3. 管理的准军事化

在区县，建立了区县综合应急救援队伍，推行准军事化管理。具体区县综合应急救援队伍依据《中华人民共和国安全生产法》《重庆市安全生产条例》《重庆市突发事件应对条例》《重庆市综合应急救援队伍管理办法（试行）》《重庆市抢险救援技术指挥官管理暂行办法》《重庆市应急救援队伍训练与考核大纲（试行）》等有关法律法规规定，在队伍的组织机构、勤务机制、指挥调度、管理方式、教育训练、监督制约、综合保障等方面，按照军队正规化建设管理要求，实现标准化、程序化、法律化和科学化，使队伍达到指挥畅通、内务规范、工作高效、保障有力。该队伍在考录制度、调度指挥、训练标准、纪律要求、外观标识等实现了统一，并实现了"八个统一"，确保队伍管理的规范性，"八个统一"具体分别是规范编制机构、规范职责职能、规范内务设置、规范一日制度、规范出警备勤、规范行为举止、规范综合保障、规范检查督查等。在规范编制机构上，区县组建的综合应急救援队不少于30人，人员必须专职专业。乡镇（街道）综合应急救援队（专职消防队）不少于15人，人员实行专兼职结合，一般乡镇专职人员不少于5人，重点乡镇专职人员不少于10人。基层应急救援站（微型消防站）专兼职人员不少于6人。应急救援队伍要实行建制管理，建立管理机构，设置队长、副队长、班（组）长等骨干岗位。在规范职能职责上，市、区县人民政府是本级综合应急救援队伍建设的责任主体，乡镇人民政府（街道办事处）是乡镇（街道）综合应急救援队伍（专职消防队）和基层应急救援站（微型消防站）建设的责任主体，负责研究、决定和部署本行政区域内应急救援队伍建设工作。全市各级应急管理部门具体负责统筹、指导、督促本行政区域内应急救援队伍建设工作。区县综合应急救援队参与辖区内灾害事故预警预防、督查检查，统筹现场指挥部运行保障，承担灾害事故现场技术指挥和抢险救援职责，协助做好其他突发事件的应对工作。在规范内务设置上，对队伍在战备、训练、工作、生活设施设备的具体摆放、使用和管理方面进行整齐划一，做到符合卫生和安全要求。在规范一日制度上，实行准军事化管理，必须要有严格的一日生活制度，要制定一日作息时间表。对起床、早操、整理内务和洗漱、开饭、操课、就寝等方面进行规范。规范出警备勤上，抓好值班备勤，每天都要安排好值班表，平时可以由中队的几名干部轮流担任值班领导，重大节假日应当由主要队领导值班。中队要设置值班室，平时至少有一名队员24小时值班，接听电话，上传下达指令。在重大节假日、突发敏感时期应当按要求保持在位率。要定期检查备勤。主要检查人员在位率、物资配套率、装备完好率等，组织人员及时修订出动方案计划。为锻炼提高队伍紧急行动能力，检查出警准备状况，通常中队每月、区县局每季度进行1次紧急集合出警演练。在规范行为举止上，对着装要求、仪容要求、礼节要求进行规范。在规范综合保障上，按照政府主导、组建单位自筹、服务企业、社会捐赠相结合的方式建立综合应急救援队伍经费保障渠道。全市各级人民政府要按照现行财政体制，将应急救援队伍在日常管理、集中训练、合成演练、重大装备购置与维护保养、跨区域执行增援任务等方面的经费，纳入同级财政预算予以保障。综合应急救援队伍执行应急处置任务，按照有关规定享受补贴、医疗、工伤、抚恤、保险等待遇。在综合应急救援队伍管理工作或应急处置行动中做出突出贡献的单位和个人，依据有关规定给予表彰和奖励。在规范检查督查上，从组织领导、十有标准、能力建设三个方面进行量化评分考核，总分100分，80分达标，90分以上优秀。对履行队伍建设管理职责不到位、不服从指挥调度，或因处置不力造成严重后果或造成较大社会负面影响的，依照有关法律、法规、规章追究相关单位和当事人的责任。

五、重庆社会组织参与应急管理

（一）社会组织参与应急管理服务的历史脉络

1. 初级阶段

2008—2012年，是社会组织参与防灾减灾救灾的初级阶段。

在防灾减灾方面：5·12汶川地震后，国务院决定，自2009年起，每年5月12日为全国"防灾减灾日"，为全国各地社会组织参与防灾减灾提供了可能和政策支持。同样，重庆社会组织也积极参与防灾减灾工作。对于防灾，在每年的5·12防灾减灾日，重庆社会组织协助政府开展"五进"社区的安全知识宣讲，在一定区域、一定程度上提升了群众的自救互救共救技能和安全知识的普及。对于减灾，重庆社会组织以安全社区、综合减灾示范社区等安全项目的创建政策为契机，协助政府为做好减灾工作做好准备。这些创建政策支持具体表现如下：安全社区方面的政策支持表现有原国家安监总局印发《关于深入开展安全社区建设工作的指导意见》（安监总政法〔2009〕11号）、国务院安委会办公室《关于进一步深入推进安全社区建设的通知》（安委办〔2011〕38号）、原安监总局《关于持续加大安全社区推进力度全面提升安全社区建设工作水平的通知》（安监总宣教〔2015〕104号）等；综合减灾示范社区方面的政策支持表现有《国家减灾委员会关于加强城乡社区综合减灾工作的指导意见》（国减发〔2011〕3号）、民政部颁布的《全国综合减灾示范社区创建规范》（MZ/T 026—2011）、民政部2012年6月15日印发《全国综合减灾示范社区创建管理暂行办法》等，重庆社会组织积极学习上述政策，关注安全社区、综合减灾示范社区等安全项目的创建，并积极协助政府做好相关准备工作。

在救灾方面：一方面，重庆社会组织积极参与市内外救灾。在市外，5·12汶川地震后，各界社会力量参与灾后救援和恢复重建，累计达百万志愿者，这些志愿者积极发挥各种协助作用：据四川省民政部门统计，在5·12汶川地震后参与救灾的志愿者中，有9.1%的社会力量参与现场搜救工作，有4.1%的社会力量参与伤病员医治，有15.3%的社会力量参与安置受灾群众，有17.8%的社会力量清理灾害现场，有4.4%的社会力量进行心理干预与辅导，有18.1%的社会力量负责运送和发放救灾物资，有3.2%的社会力量进行灾害监测，有16.7%的社会力量参与募集捐款捐物的登记工作，有9.5%的社会力量参与灾区服务需求的调查等。重庆社会组织也积极参与了汶川地震救灾，如重庆山城雪豹抢险救灾青年突击队及时赶往汶川地震灾区展开协助救援，从事运送和发放救灾物资、受灾儿童群体的心理安抚、清理灾害现场、建立寻亲墙等救灾工作。在市内，重庆社会组织参与了2010年城口县7·17暴雨洪灾、2010年5·6特大风雹暴雨灾害、2011年酉阳低温雨雪冰冻灾害、2012年彭水县5·21暴雨洪涝灾害、2012年大足区8·30暴雨洪涝灾害等的救灾协助工作。另一方面，救灾的初级协调形式形成。5·12汶川地震孕育产生了社会组织参与救灾的初级协调形式：如"NGO四川地区救灾联合办公室"以及社会组织合作联盟"5·12民间救助服务中心"，在救灾现场，重庆社会组织配合NGO四川地区救灾联合办公室、社会组织合作联盟"5·12民间救助服务中心"完成各项救灾协助任务，救灾后积极总结各类救灾经验，为更好地协助自然灾害的救灾奠定基础。

2. 优化阶段

2013—2016年是社会组织参与防灾减灾救灾的优化阶段。在防灾减灾方面：重庆社会组织协助政府继续做好防灾减灾工作并取得一定成果：2015年和2016年累计创建综合减灾示范社区50个，其中2016年创建26个综合减灾示范社区。2015年创建24个国家级安全社区，2016年创建2个国际安全社区。

在救灾方面：一方面，重庆社会组织参与救灾得到进一步的发展和优化。一是重庆社会组织再次经历救灾实践的磨炼，救灾能力进一步提升。在2013年4·20雅安地震后，重庆山城雪豹抢险救灾青年突击队、重庆青年志愿者等重庆社会组织连夜赶赴灾区，积极参与灾区物资发放、清理灾害现场、医护救援等救灾活动，同时，重庆社会组织也有效参与了2013年6·30暴雨洪涝灾害的救灾处置。二是重庆社会组织得到国家政策、地方政府政策的支持。2015年10月8日民政部印发《关于支持引导社会力量参与救灾工作的指导意见》，该意见为完善支持引导社会力量有序、高效参与救灾工作提供了政策支持和保障条件；2016年8月22日，中共中央办公厅、国务院办公厅印发了《关于改革社会组织管理制度促进社会组织健康有序发展的意见》，指出要"稳妥推进直接登记。重点培育、优先发展行业协会商会类、科技类、公益慈善类、城乡社区服务类社会组织"，其中"提供扶贫、济困、扶老、救孤、恤病、助残、救灾、助医、助学服务的公益慈善类社会组织，直接向民政部门依法申请登记"，重庆市民政局联合市文明办、市政法委等八部门出台《关于大力培育发展社区社会组织的实施意见》，指出要引导发展公益慈善类社区社会组织，要加大培育扶持力度，这些政策为社会组织参与救灾提供了有力支撑。基于实践、政策这两方面，促使重庆社会组织参与救灾得到进一步的发展和优化。另一方面，救灾的协调形式得到发展和优化。如在2013年4·20雅安地震后，创新成立了全国首个"抗震救灾社会组织和志愿者服务中心"，在2014年鲁甸地震发生后，云南省民政厅于8月7日在救灾应急指挥部下设"社会组织参与救灾协调服务组"，同时重庆社会组织参与发起、建立了"社会组织救援服务平台"，该平台由政府牵头，旨在统筹参与响应的社会组织。

3. 强化阶段

2017年至今，是社会组织参与防灾减灾救灾的强化阶段。新时代重庆社会组织依托国家政策、重庆市政府政策的支持，使得重庆社会组织参与防灾减灾救灾得到强化发展，并取得不错成效。

一是防灾成效更明显。重庆社会组织防灾较前两个阶段而言，协助政府防灾形式更加丰富，协助政府防灾内容更为详细，协助政府防灾方法更加多元，防灾成效更明显。

二是减灾成果更突出。重庆社会组织协助政府减灾工作不断取得成果：2017年和2018年累计创建综合减灾示范社区55个，其中2017年创建28个综合减灾示范社区，2018年创建27个综合减灾示范社区，2019年创建了15个综合减灾示范社区，2020年和2021年分别创建了14个综合减灾示范社区。同时，以扶贫攻坚战为契机，协助政府提升贫困农村地区的各类安全保障能力。

三是救灾更有保障。一方面，在2018年国家机构改革后，新组建的应急管理部非常重视社会组织参与防灾减灾救灾，通过组织大比武的形式选拔具备一定水平的社会应急力量参与灾害事故应急救援工作。另一方面，重庆社会组织通过参与2017年的8·8九寨沟地震、2019年的6·17长宁地震等的救灾，使得社会力量参与救灾的协调机制发展愈发成熟。

（二）重庆社会组织参与防灾减灾救灾的现状

1. 重庆社会组织参与防灾的情况

防灾类社会组织积极参与市、区（县）应急管理局、市、区（县）团委等部门组织的各种演习和演练，通过各种演习和演练，不断提升各类主体的防灾减灾救灾能力。同时，防灾减灾救灾类社会组织积极参与防灾减灾知识宣传和培训，开展各类防灾减灾知识进学校、社区、企业等机构，累计受益群体逐年攀升，做足各类防灾准备工作，助力提升群众的自救互救共救能力。以2019年为例：全市社会组织积极参与2019年5月应急管理部组织的全国首届社会应急力量技能竞赛，历时半年、三轮选拔，经过三天激烈角逐，圆满完成了全部赛程。重庆取得了团体奖、个人奖、拼搏奖、组织奖等成绩，重庆市沙坪坝应急救援协会获得水域救援技能类团体奖、重庆市渝中区户外运动协会获得绳索技能类团体奖，水域救援技能类个人奖来自重庆市沙坪坝应急救援协会的个人，绳索技能类个人奖三人次，都来自重庆市渝中区户外运动协会的成员，重庆市沙坪坝区青年志愿者协会获得拼搏奖，重庆应急管理局获得组织奖，在全市营造出积极参与防灾工作的社会氛围，利于提高全市社会自救互救技能和水平。

2. 重庆社会组织参与减灾的情况

重庆减灾类社会组织圆满完成各类马拉松、大型节假日等大型活动的安保任务，如2019长安汽车重庆马拉松等。积极参与各类减灾活动，如协助政府部门创建综合减灾示范社区、文明社区等减灾项目，截至2018年，全市近三年累计创建减灾示范社区80个，夯实全市的减灾基础条件。

3. 重庆社会组织参与救灾的情况

重庆救灾类社会组织积极参与各类救灾活动。重庆救灾类社会组织不仅积极参与市内的各类日常生活服务类的救援救灾服务，如道路车祸救援、溺水人员打捞、失踪人员搜救等，还积极参加了市内灾害的救援行动，如参加涪陵6·21等地暴雨灾害的救援、重建工作，及时挽救暴雨受灾群体的生命安全、财产安全；参加2022年8月重庆森林火灾等救援。同时，还积极协助市外救援，如参加四川长宁地震、6·17长宁地震等大型国内灾害救援行动，彰显重庆社会组织参与救灾的积极意愿和专业能力。

（三）重庆社会组织参与应急管理服务的案例

本部分以重庆蓝天救援为研究对象，描述了重庆蓝天救援队伍体系的基本情况，梳理出重庆市蓝天救援队伍体系参与防灾减灾救灾的应急管理服务的情况。剖析了重庆蓝天救援队伍体系参与应急管理服务的特色和问题以及案例启示，具体如下。

1. 重庆蓝天救援队伍体系基本情况

蓝天救援成立于2007年，是国内第一支正式注册的志愿救援队，是以志愿服务为原则，以建立和推动国内民间救援体系的发展，使每个国民享有免费紧急救援服务为宗旨，以专业化、国际化救援机构建设为目标的专业救援机构。经过多年的发展与实际救援，蓝天救援已经成为一个涵盖生命救援、人道救助、灾害预防、应急反应能力提升、灾后恢复和减灾等各个领域的专业化、国际化的人道救援机构。目前，国内已有500余支队伍获得蓝天救援品牌授权，50000多名志愿者登记在册，其中有超过10000名志愿者经过了专业的救援培训与认证。

2014年，由一批具有应急救援相关技术特长的志愿者成立了重庆市蓝天救援队，是重庆市蓝天救援队伍体系中最早的一支重庆地方队伍。秉承"人道、志愿、专业、开放"的理念，不断吸纳新生力量发展壮大，截止本书之前，重庆市蓝天救援队伍体系有28支注册队伍,其中1支在筹备注册，已经注册登记的队伍分别为：重庆市蓝天救援队、重庆市万州蓝天救援队、重庆市巴南区蓝天救援队、重庆市合川区蓝天救援队、重庆市江北区蓝天救援队、重庆市渝中区蓝天救援队、重庆市涪陵区红十字蓝天救援队、重庆市黔江区蓝天救援队、重庆市开州区蓝天救援队、重庆市忠县蓝天救援队、酉阳土家族苗族自治县蓝天救援队、重庆市大足区蓝天救援队、重庆市南岸区蓝天救援队、巫溪县蓝天救援队、云阳县蓝天应急救援中心、重庆市秀山土家族苗族自治县蓝天救援队、重庆两江新区蓝天救援队、重庆市奉节县蓝天救援队、重庆市丰都县蓝天救援队、重庆市沙坪坝区蓝天救援队、重庆市江津区蓝天救援队、重庆市潼南区蓝天救援队、重庆市永川区蓝天救援队、重庆市长寿区蓝天救援队、重庆市九龙坡区蓝天救援队、重庆市城口县蓝天救援队、重庆市垫江县蓝天救援队，筹备组建队伍是重庆市渝北区蓝天救援队，蓝天救援队伍体系涉及职能包括急救、无人机、直升飞机、山地救援、特种车辆、通信、绳索、水域等；蓝天救援队伍体系管理机构下设搜救组、秘书组、后勤组、外联组、通讯组、医疗组。

重庆市蓝天救援队伍体系围绕"做好政府灾害救援的辅助力量，协助配合政府应急体系完成各种灾难事故的紧急救援任务"的发展定位，谨记队训"少说多做，默默奉献，完善自我，善待他人"的要求，不断加强各类训练，强化自身专业素质，所有核心队员均参加过全国性的救援培训学习。建队5年来，重庆市蓝天救援队始终坚守人道、博爱、奉献的志愿理念，以自身严明的纪律、优良的作风、专业的技能和无私的奉献精神获得了政府、重庆市民的高度认可和肯定。重庆蓝天救援队先后荣获"重庆市十佳青年志愿者组织""感动万州十大人物""先进集体""先进组织"等荣誉。队长骆明文同志获得"重庆市十佳青年志愿者""万州好人""优秀共产党员""优秀党务工作者"等荣誉称号。

2.重庆市蓝天救援队伍体系参与应急管理服务的情况

2019年上半年，重庆蓝天救援队伍体系参与防灾、减灾、救灾累计时长达38626.7时，累计参与次数为395次，累计受益人数达115975人。

积极参与各类防灾活动。2019年上半年，重庆蓝天救援队伍体系受邀与重庆市民政局、重庆市应急局、重庆市港航局、重庆市卫健委等部门开展联合组织搜救演习，与重庆市警备区、重庆市人武部开展联合应急演习，救援演练受益人数累计达9024人，通过各种演练，很好地提升了各类主体的防灾减灾救灾能力。同时，重庆蓝天救援队伍体系义务到社区、学校、企业等机构开展地震、消防等安全知识讲座，2019年上半年累计进行社区培训104时，社区培训人数690人，企业培训373时，企业培训人数3270人，学校培训534时，学校培训人数697人，开展野外生存、野外搜救、技术装备使用、无线电应急通信等培训活动，为学校、企业等机构送去安全知识和技能，做足各类防灾准备工作，助力提升群众的自救互救共救能力。

积极参与各类减灾活动。2019年上半年，重庆蓝天救援队伍体系受政府部门邀请，圆满完成自行车比赛、马拉松、横渡长江、春节安保等大型活动的预防性救援安保任务，累计受益人数达83871人。积极参与各类减灾活动，如2019年5月25日，大足蓝天救援队的志愿者参加"助力农村人居环境整治志愿服务活动"，协助政府提升村民居住的安全环境。

积极参与各类救灾活动。重庆蓝天救援队伍体系积极参与各类救援活动，从成立至今，重庆蓝天救援队参加了2015年6·1东方之星旅游客船倾覆事故救援、2014年的8·3鲁甸地震救援、2017年的6·24茂县山体坍塌事件的救援、2017年8·8九寨沟地震救援、2017年斯里兰卡国际洪灾救援、2018年的万州公交车坠江救援、2019年6·17长宁地震、2022年森林火灾等大型国内国际灾害救援行动。还参与了上百起道路车祸救援、溺水人员打捞、失踪人员搜救、危房排危、马蜂窝拆除、高危树木拆除等救援任务。较好地协助政府完成救援任务，及时挽救、减轻各类灾害损失。仅2019年上半年，救援受益人数达8200人。

3.重庆蓝天救援队伍体系参与应急管理服务的特色

（1）采取多种形式协助政府

采取多种形式融入脱贫工作。重庆蓝天救援队伍体系积极响应党委政府号召，利用自身优势，积极融入扶贫工作，不断创新协助扶贫形式，努力搭建脱贫攻坚平台，营造出社会组织参与脱贫攻坚的良好氛围。如重庆蓝天救援队党支部携手万州区侨联党支部开展七一慰问活动，通过走访入户，了解贫困结对家庭情况，并送去力所能及的温暖。还走访慰问了四川大凉山小学，对接帮扶合川辖属小学，为贫困地区的孩子送去温暖。采取多种形式提升应急能力。重庆蓝天救援队伍体系主动配合政府等部门完成社会组织参与防灾减灾救灾各类活动、课题、调研，积极提供各种参与应急管理服务的素材、经验等，不断提升全市应急协调救援能力。如在2018年重庆万州区"10·28公交车坠江事故"发生后，重庆蓝天救援队伍体系不仅第一时间赶赴现场，协助政府进行各种救援打捞任务。在救援任务结束后，还积极配合宣传部门、党校等部门的调研，辅助相关案例的总结和开发，助力提升全市应急管理的实践能力、研究能力。

（2）防灾减灾的源头化

"无救援才是真救援"是重庆蓝天救援队一直以来的理念，也是重庆蓝天救援人员的初衷。重庆蓝天救援队防灾减灾意识非常强，协助政府做好防灾减灾工作：重庆蓝天救援队充分发挥队伍志愿者遍布各辖区、各行业，技能专业且丰富等优势，把"防灾减灾知识培训"入社区、入农村、入企业、入家庭、入学校等，提升受众群体的防灾减灾意识，提高受众群体的自救互救共救能力。如重庆蓝天救援队的高校队，当他们聚集的时候，想法新颖，充满活力、能力，尤其是在对学生安全知识，应急知识进行培训等方面，根据学生安全需求量身设计培训课程，培训效果较好；而当他们毕业以后，把救援理念和服务精神带到国内各地，乃至世界，可谓"聚是一团火，散是满天星"。

（3）救灾专业化

救援的标准化。重庆市蓝天救援队伍体系参与编写蓝天救援队国内、国际大型救援工作的演练教材《蓝天救援分级测评演练指南》，从如何进行本地队伍自我能力的评估、评估后启动申请演练日程到如何准备演练所需要的人员、道具、材料、操作流程、组织形式和总结方法等进行了标准化的规范。重庆蓝天救援队伍体系严格遵守《蓝天救援分级测评演练指南》进行实操。救援的规范化。一方面，重庆市蓝天救援队伍规范化，每次参加救援任务，都是选派具备相关救援技能的人员前往救援；另一方面，每次接到救援任务，按照规范化的救援流程，由协调中心匹配合格救援队伍进行前往救援。装备的专业化。重庆市蓝天救援队伍体系拥有专业救援车，包括装备车、指挥车和大客车、水下机器人、声呐、动力橡皮艇、专业绳索装备、发电机、户外照明设备、卫星电话、医用担架、生命探测仪、山野搜索和洪水救援的无人机、AED（体外除颤器）、液压剪等。

（4）内部治理力求科学化

重庆蓝天救援队伍体系严格遵守《蓝天救援公约》，自觉依据程序获得授权，依法、依规开展各类志愿服务，严格按照"蓝天救援公约"进行管理和服务。重庆蓝天救援内部治理科学化主要体现在内部治理结构、人力资源管理、财务管理、备勤管理等方面。具体如下：一是内部治理结构方面，重庆市蓝天救援队伍严格按照《民办非企业单位登记管理暂行条例》《民办非企业单位登记暂行办法》等制度要求，建立了严格的规章制度和较完整的组织构架。二是人力资源管理方面，重庆蓝天救援队伍根据发展目标与任务要求，科学招聘和选用各种所需人员，其发展队员的流程依次是志愿者申请、志愿者确定和考察、志愿者转预备队员申请、预备队员接收、预备队员转正式队员、正式队员确认，每一个流程都有对应的条件和要求。同时，及时对各类队伍进行培训，确保志愿者具备完成工作所必需的知识、技能、能力和态度。2019年上半年累计完成制度理念学习、体能训练等内容的队伍建设时长达2475时，累计参与人员达829人。三是财务管理方面，重庆蓝天救援队伍体系非常重视财务管理，聘请第三方对重庆蓝天救援的财务管理进行审计，做好队伍的财务管理、公示工作，及时接受社会监督，确保财务管理的透明性。四是备勤管理方面，重庆蓝天救援队实行24小时值班制度，包括普通日常的双人24小时值班、专项救援的24小时值班，保证各类救援信息的及时性。重庆蓝天救援队免费救援热线是4001759958，这是他们精心挑选的号码。"175"是指三峡大坝蓄水后的水位，"9958"是"救救我吧"谐音。

（5）发展国际化

在"一带一路"、中新（重庆）战略性互联互通示范项目等发展背景下，重庆社会组织积极、主动融入发展，通过开展系列安全预防、安全救助等民生安全项目，实现民心相通，合作共赢。重庆蓝天救援队伍体系不仅主动"走出去"参加学习培训，吸取其他国家地区社会组织参与应急管理服务的经验，而且还积极"走出去"参加救援服务，彰显自身特色。

主动"走出去"参加学习培训。一方面，赴马来西亚、老挝、日本等国家进行交流学习、研讨社会组织参与防灾减灾救灾的经验，同时，积极参与国际交流活动；另一方面，邀请国外优秀师资进行授课，如2019年4月28日，邀请日本救援专家长泽享老师等进行现场指挥官培训，学习国外先进理念、技术等。

积极"走出去"参与救援服务。救援服务积极向国外辐射，曾和其他地方的蓝天救援队伍体系承担2017年斯里兰卡洪灾救援、2018年老挝洪灾救援、2023年土耳其地震救援等大型灾害跨国救援任务等。

4. 重庆蓝天救援队伍体系参与应急管理服务的问题

（1）专业能力维持问题

社会组织参与应急管理服务的硬性条件就是具备相关领域的专业知识，但是在实践中，重庆蓝天救援队伍体系的志愿者的培训质量没有得到最大化发挥，影响专业能力的维持，原因主要有如下几方面：第一，志愿者自身的文化素质不高，对培训内容的理解及其转化和吸收有一个过程；第二，许多志愿者由于平时还需要从事自身工作，培训时间有时候和工作时间产生冲突，不能保证培训时间；第三，由于社会组织参与应急管理服务项目多、专业性强，但在我国发展历程较短，培训内容和实践需求还有一定差距。

（2）队伍的流动性问题

重庆蓝天救援队伍体系的志愿者队伍存在一定的人员流失问题。主要原因如下：第一，部分志愿者的认识不到位，影响志愿者参与应急管理服务的积极性和主动性；第二，志愿者档案管理有漏洞。有的志愿者因工作、迁移等非自身原因离开队伍组织，而队伍还没有真正实现"一人一档"，使得部分志愿者不能很顺利地转入新地区的蓝天救援队伍体系。第三，缺乏一定的法律保障，目前，国家层面没有专门的支持社会组织参与应急管理服务的法律法规，使得社会组织参与应急管理服务的合法性有时候得不到保障。

（3）激励性问题

重庆蓝天救援队是一支公益性的队伍，如何不断地激发激励队员的公益爱心、积极性和主动性也是队伍面临的重要的问题。马斯洛需求理论指出，人的需求具有层次性，只有满足低层次的需求，才能追求更高层次的需求，而重庆蓝天救援从事的应急管理服务就是追求较高层次的需求，所以只有满足队员较低层次的生理需求、安全需求等，才能保证这种服务的持续性，要想保证这种持续性，必须重视满足队伍较低层次需求的持续满足，但由于组织发展起步较晚，各种激励方式、措施有待完善。

（4）注册管理问题

目前，重庆蓝天救援队伍体系中还有部分队伍因业务审核等问题不能完成注册，制约着社会组织参与应急管理服务的合法性。中央办公厅、国务院办公厅印发的《关于改革社会组织管理制度促进社会组织健康有序发展的意见》指出："公益慈善类社会组织可直接向民政部门依法申请登记"，但重庆市各地民政依据该《意见》具体衔接办法参差不齐，不仅阻碍了各级民政部门对该类组织的注册管理工作，也让社会组织因注册问题缺少参与防灾减灾救灾的合法性。

5. 重庆蓝天救援队伍体系参与应急管理服务的启示

（1）政府继续营造鼓励社会组织参与应急管理服务的政策环境

1）政府继续营造良好的政策环境。一方面，着力解决该类社会组织因业务主管单位"推诿扯皮"而不能完成注册的问题；另一方面，明晰社会组织参与防灾减灾救灾的各类标准，制定社会组织参与防灾减灾救灾的行业标准、工作流程、权责义务等名目，让社会组织在参与防灾减灾救灾时不仅明确自身面临的"门槛"和需具备的资质，而且有清晰的发展目标、路径。

2）政府继续营造良好的发展环境。通过合理的方式、途径，选拔社会组织纳入本地区应急救援体系，并给予一定的激励保障。如2019年5月，应急管理部在重庆组织了全国首届社会应急力量技能竞赛，以竞赛的形式，选拔合格队伍，不仅给社会组织一定的荣誉表彰激励，而且也展示了社会力量参与应急管理服务的风采，以后，政府可以多采用这种形式，鼓励社会组织的发展和成长。

（2）提升参与应急管理服务的专业能力

1）提升培训内容的针对性，练好"内功"。结合队伍成员的知识文化、救援经历等特质，差异采取培训方式，如专题讲授、研讨、结对培训等，量身设计培训内容，提升队伍的培训质量和效果。

2）创建特色品牌，提升应急管理服务能力。结合重庆蓝天救援队实际情况，发扬参与应急管理服务的核心竞争力、社会影响力，创建社会组织参与防灾减灾救灾的地方特色品牌，发挥品牌效应。

（3）提升参与应急管理服务的管理能力

1）提升队伍的档案管理，连接各种资源，克服困难，逐步解决队伍"一人一档"档案问题，解决好因为档案不完善导致的志愿者流失问题。

2）创新队伍的激励管理，借鉴广东、北京等地区先进做法，完善和补充队伍的激励制度，更大限度激发队员参与应急管理服务的积极性。

（四）重庆社会组织参与防灾减灾救灾存在的问题

1. 总量小

重庆防灾减灾救灾类社会组织总量小，其中注册登记的防灾减灾救灾类社会组织数量更少，制约其参与防灾减灾救灾活动的可选性。截至2023年4月，重庆市各类社会应急力量共有30支，接近2700人，但重庆市防灾减灾救灾类的社会组织占全市社会组织总数不足10%，严重制约社会组织参与防灾减灾救灾的可选性，导致这种现象主要有三方面的原因：

一是防灾减灾救灾类社会组织发展历程短，重庆市社会组织参与防灾减灾救灾较于国外、国内发达地区起步较晚，导致社会组织的总量有限，尤其是防灾减灾救灾类的社会组织的发展多数处于摸索阶段，其发展也受到一定的限制。

二是防灾减灾救灾类社会组织的业务主管单位分散，在现实实践中，由于防灾减灾救灾涉及业务领域多，导致该类社会组织业务主管单位分散在应急、团委等多个部门，容易出现该类社会组织的业务审核"推诿扯皮"现象，缺乏具体针对该类社会组织登记审核的标准、规定、制度等。总而言之，防灾减灾救灾类社会组织的业务审核工作受到了限制，使得防灾减灾救灾类社会组织的注册登记受到影响。

三是缺失该类社会组织的注册登记办法，2018年8月3日—9月1日期间，民政部《社会组织登记管理条例（草案征求意见稿）》对全社会进行意见征求，截至本书写作时最终版《社会组织登记管理条例》仍没有发布，重庆市目前仍然按照已有的《民办非企业单位登记管理暂行条例》等办法进行登记，不能有效保障防灾减灾救灾类社会组织的注册登记。在救灾方面，中共中央办公厅、国务院办公厅印发《关于改革社会组织管理制度促进社会组织健康有序发展的意见》（以下《意见》）指出"公益慈善类社会组织可直接向民政部门依法申请登记"，但重庆市没有依据《意见》细化具体衔接办法，不仅让各级民政部门对该类组织的注册管理因没有具体落实办法而"蹑手蹑脚"，也让社会组织在注册的时候面临政策困境：不知道具体按照什么样的要求完成相关注册流程。因注册问题影响社会组织参与防灾减灾救灾的合法性，从而限制了重庆市社会组织的注册登记工作，影响防灾减灾救灾类社会组织的合法存量。如"重庆蓝天救援队"是民间专业、独立公益紧急救援机构，截至2023年上半年，重庆市蓝天救援队伍体系中共28支，但部分因业务审核等各种问题原因不能完成注册，影响其参与防灾减灾救灾。

2.能力弱

（1）防灾减灾专业知识欠缺

社会组织的成员由于知识结构素质参差不齐，导致其掌握的防灾减灾知识、技能参差不齐。在调研中发现：有的社会组织成员曾就读于防灾减灾救灾方向的专业，具备一定防灾减灾救灾知识，有的未就读于防灾减灾救灾的专业；有的成员学历较高，是本科、研究生，而有的是小学、初高中，使得组织成员的理解、执行能力也有一定的差距。如在防灾减灾方面，重庆市在推进综合减灾示范社区创建工作时，涉及全市11000多个社区，仅靠政府力量远远不够，无疑需要大量社会组织参与上述综合减灾示范社区创建、维持、发展，需要大量社会组织参与灾害风险地图绘制等工作，但部分社会组织因对综合减灾示范社区创建政策掌握不足，灾害风险地图绘制等专业知识、专业技能欠缺，使得政府对社会组织参与综合减灾示范社区创建、灾害风险地图绘制等资质存在质疑和担忧。

（2）防灾减灾的宣传培训作用发挥不足

虽然在实践中，防灾减灾救灾类社会组织每年利用防灾减灾日如5·12、119消防日等宣传节点，走进学校、社区、单位等，协助政府进行了大量的宣教培训工作，但是宣教培训之后的防灾减灾效果有限，作用没有最大化发挥，出现这种结果的原因是多方面的，其中社会组织方面的原因主要有两个：第一，社会组织的宣教培训形式、方式与实际群众喜欢的形式还有一定的差距；第二，社会组织提供的防灾减灾培训内容的针对性、科学性有待提高。

（3）社会组织的救灾能力不足且品牌特色不够突出

救灾能力不足、品牌特色不够突出，制约着该类社会组织的发展的持续性。重庆市虽有蓝天救援队、"山城雪豹"抢险救灾青年突击队、方舟（ARK）应急救援协会等社会组织参与救灾工作，但这些社会组织的资质优势、专业优势因经费不足而无法发挥，进而制约其救灾能力的持续发展。

3. 信息化管理滞后

（1）档案信息管理滞后

较为全面、清晰的社会组织的信息是进行信息化管理的第一步。但在实践中，重庆许多防灾减灾救灾类社会组织不具备信息化管理的基础数据，防灾减灾救灾类社会组织的志愿者档案管理也参差不齐。有的社会组织已经意识到社会组织档案管理的重要性，开始建立档案，但是由于在实际开展工作中，受到人力、物力、财力、时间等影响，档案管理不持续、不全面，还没有真正实现"一组织一档、一人一档"，甚至还有大部分防灾减灾救灾类社会组织没有建立自己的档案，使得防灾减灾救灾类社会组织的信息管理缺乏基础原始信息和数据。

（2）救灾信息管理滞后

2019年3月27日，由应急管理部监管的"社会力量参与抢险救灾网上申报系统"上线运行，依托该系统社会组织可实现网上登记备案和审核、灾情信息发布、救援申请、抢险救援管理等功能，也为社会组织跨省抢险救灾提供了公路通行服务保障。后来研发了"灾害应急救援救助平台""应急资源管理公众服务平台""社会应急力量救援协调系统"等，由于处于磨合阶段，平台设计、信息录入、数据共享还存在不全面、不准确、不充分的弊端，出现参与信息与需求信息不对称，增加社会组织参与的时间成本。尤其在救灾时，有些社会组织没有及时录入救灾信息，影响了整个社会组织参与救灾信息的收集、整理、共享能力，不能实现社会组织救灾供给信息与灾情需求信息最佳联动，容易出现社会组织"帮倒忙""越帮越忙"现象。

4.激励不足

激励不足制约防灾减灾救灾类社会组织参与的持续性。同样，社会组织参与防灾减灾救灾活动也需要采取各种方式、方法，进行激励，更好地激发社会组织参与防灾减灾救灾的积极性、专业性。但实践中在激励政策、激励手段、激励方式等方面存在如下问题。

（1）激励政策零散

激励政策零散，使得社会组织参与防灾减灾救灾活动时出现政策"打架"现象。新时代防灾减灾救灾任务具有复杂性、动态性的特点，仅靠一个部门的激励政策很难完成新时代防灾减灾救灾任务。虽然重庆市应急、民政、团委等多个部门出台了激励社会组织参与防灾减灾救灾活动的各种激励政策，但尚未形成合力。反之，由于激励政策分散在不同的部门，使得部门在制定激励政策时多从自身考虑，激励政策的多元化思考不足，导致这些激励政策衔接不够，加之配套激励政策不成熟，这让社会组织参与防灾减灾救灾服务时，存在各种参与的后顾之忧，出现参与"失灵"现象。如重庆市有社会组织反映：在参与某次救灾服务时，救援保障车需要加大量汽油，但是汽油的监管部门和基层派出所管理政策衔接不到位，导致该组织错失最佳救灾服务时间，救灾服务出现参与"失灵"现象。

（2）激励手段单一

社会组织参与防灾减灾救灾的激励手段单一，激励方式过于"死板"，出现激励"留白"地带，制约了激励作用的发挥。多元化的激励手段，不仅有利于保障社会组织参与防灾减灾救灾，而且彰显了社会组织参与应急管理服务的科学性和先进性。立足社会组织参与防灾减灾救灾的动机和目的，满足社会组织参与防灾减灾救灾的不同需求，是设计社会组织参与防灾减灾救灾活动激励手段的重要考量。一方面，挖掘社会组织参与防灾减灾救灾活动的动机和目的还不深入，即使挖掘出来各类社会组织参与防灾减灾救灾活动的动机和目的，也只是停留于公益层面，没有进行动机和目的的科学细分，根据动机和目的进行设计激励手段的衔接性不够。另一方面，社会组织参与防灾减灾救灾的激励方式存在只关注精神层面的激励，缺乏其他激励方式的情况。如《重庆市应急志愿者管理办法》只是宏观规定了正激励、负激励的奖励与惩罚的条款，涉及的激励方式只停留在精神层面，未对其他激励手段做出说明，在一定程度上制约着我市社会组织参与防灾减灾救灾的积极主动性。

5. 人员流失问题

防灾减灾救灾类社会组织均存在不同程度的人员流失问题，影响社会组织参与防灾减灾救灾活动稳定性和持续性，出现这种现象的原因主要从社会组织发展宏观环境和社会组织微观环境两个方面分析。

（1）制约社会组织发展的宏观环境分析

第一，缺乏一定的政策支持。社会组织参与防灾减灾救灾的志愿者主要包括上班族、大学生、社会人员等，每一类群体参与防灾减灾救灾服务活动都有一定的后顾之忧，对于上班族，其担心参与防灾减灾救灾服务活动影响自己的工作，进而影响自己的经济收入；对于大学生，其担心参与防灾减灾救灾服务活动影响自己的学业，进而影响自己进一步的深造和就业，对于社会人员，其担心参与防灾减灾救灾服务活动影响自己的各种人身保障，每类群体的后顾之忧，都制约了社会组织参与防灾减灾救灾服务的质量。第二，缺乏一定的法律保障。目前，国家层面没有专门的支持社会组织参与应急管理服务的法律法规，使得社会组织参与应急管理服务的合法性有时候得不到保障，进而使得该类社会组织参与防灾减灾救灾服务受到影响。

（2）制约社会组织发展的微观环境方面分析

我国防灾减灾救灾类社会组织的发展起步较晚，主要发起于2008年汶川地震后，经过十多年的摸索发展，虽然取得一定的成绩，但是较国外发达国家，该类社会组织的发展仍然面临很多自身问题：部分志愿者的认识问题、经费不足问题、队伍的管理问题、专业技术的维持问题等，这些都制约影响着志愿者参与防灾减灾救灾的积极性和主动性。

六、重庆基层应急管理的实践经验

（一）应急管理机构基本情况

1. 2018年机构改革前应急管理机构基本情况

2008年6月24日重庆市人民政府办公厅印发《关于设立重庆市人民政府应急管理办公室的通知》（渝办发〔2008〕201号），依据文件指出设立重庆市人民政府应急管理办公室（简称市政府应急办），挂重庆市人民政府总值班室、重庆市人民政府救灾办公室牌子。主要职责如下：一是贯彻执行党和国家应急管理工作的方针、政策和法律、法规，以及市委、市政府和市政府突发公共事件应急委员会的决定；统筹协调全市重大、特别重大突发公共事件的应急管理和处置工作。二是负责协调指导应急预案体系和应急体制、机制、法制建设；协调和督促各区县（自治县）人民政府、市政府各部门应急管理工作，协调、组织有关方面研究提出全市应急管理的政策、法规和规划建议；负责修订完善市政府突发公共事件总体应急预案，协调和指导相关预案的修订完善工作。三是负责市政府政务值班、市长公开电话、市长电子信箱及应急值守工作，指导全市政府系统值班工作。四是负责编制应急体系建设规划，建设全市突发公共事件应急平台，推动全市应急体系建设；指导各区县（自治县）人民政府、市政府有关部门应急体系建设。五是负责汇集、研判、上报突发公共事件信息，并根据市政府的决定发布全市预警信息，宣布启动应急和结束应急。六是负责会同有关部门提出突发公共事件应急处置资金及物资安排意见；负责全市应急处置装备建设。七是负责组织协调应对突发公共事件的宣传教育，组织开展综合性应急预案演练；指导、督促检查全市应急演练。八是负责组织对突发公共事件形成、发生和成因、危害、防治措施的研究，对全市应急管理进行业务培训指导；开展国际国内突发公共事件应急管理交流与合作。九是负责办理市政府突发公共事件应急指挥与管理方面的文会事。十是承担市政府交办的其他事项。市政府内设四个处，分别是政务值班处、应急处置处、应急救灾处、应急动员处等。

2. 2018年机构改革后应急管理机构基本情况

2018年3月21日中共中央印发了《深化党和国家机构改革方案》，将国家安全生产监督管理总局的职责，国务院办公厅的应急管理职责，公安部的消防管理职责，民政部的救灾职责，国土资源部的地质灾害防治、水利部的水旱灾害防治、农业部的草原防火、国家林业局的森林防火相关职责，中国地震局的震灾应急救援职责以及国家防汛抗旱总指挥部、国家减灾委员会、国务院抗震救灾指挥部、国家森林防火指挥部的职责整合，组建应急管理部，作为国务院组成部门。主要职责是，组织编制国家应急总体预案和规划，指导各地区各部门应对突发事件工作，推动应急预案体系建设和预案演练。建立灾情报告系统并统一发布灾情，统筹应急力量建设和物资储备并在救灾时统一调度，组织灾害救助体系建设，指导安全生产类、自然灾害类应急救援，承担国家应对特别重大灾害指挥部工作。指导火灾、水旱灾害、地质灾害等防治。负责安全生产综合监督管理和工矿商贸行业安全生产监督管理等。公安消防部队、武警森林部队转制后，与安全生产等应急救援队伍一并作为综合性常备应急骨干力量，由应急管理部管理，实行专门管理和政策保障，采取符合其自身特点的职务职级序列和管理办法，提高职业荣誉感，保持有生力量和战斗力。

重庆市应急管理局2018年10月25日挂牌成立，照《重庆市机构改革方案要求》要求，组建市应急管理局。将市安全生产监督管理局的职责，以及市政府办公厅的应急管理职责，市公安局的消防管理职责，市民政局的救灾职责，市煤炭工业管理局的煤矿安全监管职责，市国土资源和房屋管理局的地质灾害防治、市水利局的水旱灾害防治、市农业委员会的草原防火、市林业局的森林防火相关职责，市自然灾害应急指挥部的职责，市防汛抗旱指挥部、市地质灾害抢险救援指挥部、市抗震救灾指挥部、市森林防火指挥部的职责等整合,组建市应急管理局,作为市政府组成部门,具体职责有十八项,具体如下:一是负责应急管理工作,指导各级各部门应对安全生产类、自然灾害类等突发事件和综合防灾减灾救灾工作。负责安全生产综合监督管理和工矿商贸行业安全生产监督管理工作。二是拟订应急管理、安全生产等政策规定,组织编制全市应急体系建设、安全生产和综合防灾减灾规划,起草相关地方性法规和政府规章草案,组织制定相关规程和地方标准并监督实施。三是指导应急预案体系建设,建立完善事故灾难和自然灾害分级应对制度,组织编制全市总体应急预案和安全生产类、自然灾害类专项预案,综合协调应急预案衔接工作,组织开展预案演练,推动应急避难设施建设。四是牵头建立全市统一的应急管理信息系统,负责信息传输渠道的规划和布局,建立监测预警和灾情报告制度,健全自然灾害信息资源获取和共享机制,依法统一发布灾情。五是组织指导协调安全生产类、自然灾害类等突发事件应急救援,承担市应对重大灾害指挥部工作,综合研判突发事件发展态势并提出应对建议,协助市委、市政府指定的负责同志组织重大灾害应急处置工作。六是统一协调指挥全市各类应急专业队伍,建立应急协调联动机制,推进指挥平台对接;衔接驻渝解放军和武警部队参与应急救援工作。七是统筹应急救援力量建设,负责消防、森林和草原火灾扑救、抗洪抢险、地震和地质灾害救援、生产安全事故救援等专业应急救援力量建设,负责市委市政府对市综合性应急救援队伍业务建设、队伍建设的指导和管理的协调组织,指导区县(自治县)及社会应急救援力量建设。八是组织协调消防工作,指导消防监督、火灾预防、火灾扑救等工作。九是指导协调森林和草原火灾、水旱灾害、地震和地质灾害等防治工作,负责自然灾害综合监测预警工作,指导开展自然灾害综合风险评估工作。十是组织协调灾害救助工作,组织指导灾情核查、损失评估、救灾捐赠工作,管理、分配中央划拨及市级救灾款物并监督使用。十一是依法行使全市安全生产综合监督管理职权,指导协调、监督检查市政府有关部门和各区县(自治县)政府安全生产工作,组织开展安全生产巡查、考核工作。承担重庆市安全生产委员会日常工作。十二是按照分级、属地原则，依法监督检查工矿商贸生产经营单位贯彻执行安全生产法律法规、规章、标准和规程情况及其安全生产条件和有关设备（特种设备除外）、材料、劳动防护用品的安全生产管理工作。依法组织并指导监督实施安全生产准入制度。负责危险化学品安全监督管理综合工作和烟花爆竹安全生产监督管理工作。十三是负责煤矿安全生产法规标准和政策规划制定修订、执法监督、事故调查处理、应急救援管理、统计分析、宣传教育培训等综合性工作，承担职责范围内煤矿安全生产监管执法职责。十四是依法组织开展生产安全事故调查处理，监督事故查处和责任追究落实情况。组织开展自然灾害类突发事件的调查评估工作。十五是开展应急管理方面的对外交流与合作，组织参与安全生产类、自然灾害类等突发事件的跨区域救援工作。十六是制定应急物资储备和应急救援装备规划并组织实施，负责提出市级救灾物资的储备需求和动用决策，组织编制市级救灾物资品种目录和标准，会同市级有关部门建立健全应急物资信息平台和调拨制度，在救灾时统一调度，负责市级救灾物资的采购、储运和管理，根据需要下达动用指令。十七是负责应急管理、安全生产宣传教育和培训工作，组织指导应急管理、安全生产的科学技术研究、推广应用和信息化建设工作。十八是完成市委、市政府交办的其他任务。内设机构有办公室、应急指挥中心、人事处、风险监测和综合减灾处、救援协调和预案管理处、火灾防治管理处、防汛抗旱处、地震和地质灾害救援处、危险化学品安全监督管理处、工贸安全监督管理处、煤矿安全监督管理处、煤矿瓦斯防治与利用处、安全生产综合协调处、救灾和物资保障处、政策法规处（行政审批处）、规划财务处、新闻宣传处（教育训练处）、科技和信息化处、重庆市应急管理局长寿经济技术开发区分局（重庆市应急管理局化工园区监督管理处）、机关党委、离退休人员工作处等；直属单位有重庆市减灾中心、重庆市航空应急救援总队、重庆市化学品登记注册办公室、重庆市安全生产调度信息中心、重庆市安全生产考试中心（中外交流月刊社）、重庆市应急管理综合行政执法总队、重庆市道路交通事故社会救助基金管理中心、重庆市防汛抗旱和地震地质灾害应急救援中心、重庆市应急指挥调度保障中心、重庆安全技术职业学院。

（二）基层应急管理经验

1. 推进了基层应急管理规范化建设

1）2018年机构改革前的基层应急管理规章制度

2017年重庆市政府应急管理办公室梳理了应急管理文件制度汇编，形成了《应急管理文件制度汇编（2006—2016年）》《重庆市风险管理工作文件资料汇编（2011—2017年）》《重庆市重大、特别重大突发事件应急处置工作手册》等。其中《应急管理文件制度汇编（2006—2016年）》重点梳理了应急管理方面的法律法规、体制政策、值班值守、防控处置、应急保障等方面的工作制度，法律法规主要涉及《中华人民共和国突发事件应对法》《重庆市突发事件应对条例》等两项政策；体制政策主要涉及《国务院关于全面加强应急管理工作的意见》（国发〔2006〕24号）、《国务院办公厅关于加强基层应急管理工作的意见》（国办发〔2007〕52号）、《重庆市人民政府关于设立重庆市人民政府应急管理办公室的通知》（渝办发〔2008〕201号）、《重庆市人民政府关于全面加强应急管理工作的意见》（渝府发〔2008〕67号）、《重庆市人民政府办公厅关于加强基层应急管理工作的意见》（渝办发〔2009〕5号）、《重庆市人民政府办公厅关于印发重庆市基层应急管理规范化建设标准（试行）的通知》（渝办发〔2012〕204号）等十七项体制政策；值班值守涉及《中共重庆市委办公厅重庆市人民政府办公厅关于加强政务值班工作的意见》（渝委办发〔2006〕47号）、《重庆市人民政府办公厅关于开展政务值班工作标准化建设的通知》（渝府办发〔2016〕61号）等五项政策；防控处置方面梳理了《关于印发突发事件应急演练指南的通知》（应急办函〔2009〕62号）、《国务院办公厅关于加强气象灾害监测预警及信息发布工作的意见》（国办发〔2011〕33号）、《重庆市人民政府办公厅关于做好应急预案管理有关工作的通知》（渝府办发〔2014〕44号）等十二项防控处置政策；应急保障上重点梳理了《国务院办公厅关于加强基层应急队伍建设的意见》（国办发〔2009〕59号）、《国务院办公厅关于加快应急产业发展的意见》（国办发〔2014〕63号）、《重庆市人民政府办公厅印发重庆市应急避难场所管理办法（试行）的通知》（渝府办发〔2016〕88号）等十七项应急保障政策，这些政策集缩短了应急管理"新手"适应期，是基层应急管理新手"入门"的工作保障，也为干好基层应急管理工作提供了政策依据。

2）2018年机构改革后的基层应急管理规章制度

2018年机构改革后，重庆市应急管理局非常重视基层应急管理工作，以"五有八化"准则，即以"有机构、有人员、有条件、有能力、有规则"为要求，围绕机构设置、职能职责、人员配备、设施装备、执法检查、监管监控、工作制度、救援队伍等，要求各乡镇（街道）、村（社区）设置应急管理机构，构建应急救援网络体系；为各应急机构配置应急管理人员和救援队伍，并配备应急救援物资和装备；为应急管理人员划分职能职责，制定工作制度，不定期对基层应急管理人员进行监督管理、执法检查；定期对基层应急管理人员进行培训，使基层应急管理工作人员有能力做好防护自然灾害、安全生产的先期处置工作。

2. 推进基层安全生产监管的标准化

一是明确基层安全监管职能职责，2019年7月7日，重庆市人民政府办公厅印发《关于调整重庆市安全生产委员会和重庆市减灾委员会的通知》（渝府办〔2019〕74号），将原重庆市政府安全生产委员会更名为重庆市安全生产委员会（以下简称市安委会），下设道路交通安全办公室等9个专项安全办公室，分别是道路交通安全办公室，设在市公安交管局，由市公安交管局主要负责人兼任办公室主任、分管负责人兼任副主任；水上交通安全办公室，设在市交通局，由市交通局主要负责人兼任办公室主任、分管负责人兼任副主任；轨道交通安全办公室，设在市交通局，由市交通局主要负责人兼任办公室主任、分管负责人兼任副主任；建设施工安全办公室，设在市住房城乡建委，由市住房城乡建委主要负责人兼任办公室主任、分管负责人兼任副主任；危险化学品安全办公室，设在市应急局，由市应急局主要负责人兼任办公室主任、分管负责人兼任副主任；矿山安全办公室，设在市应急局，由市应急局主要负责人兼任办公室主任、分管负责人兼任副主任；旅游安全办公室，设在市文化旅游委，由市文化旅游委主要负责人兼任办公室主任、分管负责人兼任副主任；城市运行安全办公室，设在市城市管理局，由市城市管理局主要负责人兼任办公室主任、分管负责人兼任副主任；消防安全办公室，设在市消防救援总队，由市消防救援总队主要负责人兼任办公室主任、分管负责人兼任副主任。以上9个办公室后来又调整为道路交通安全办公室、水上交通安全办公室、轨道交通安全办公室、建设施工安全办公室、危险化学品安全办公室、矿山安全办公室、旅游安全办公室、城市运行安全办公室、消防安全办公室、特种设备安全办公室、工贸安全办公室等11个专项安全办公室，进一步强化了应急管理部门统筹协调、行业管理部门组织指导。

二是在基层单位进行安全生产法的宣传，完善其他安全生产政策法规。2021年6月10日，第十三届全国人民代表大会常务委员会第二十九次会议正式通过《全国人民代表大会常务委员会关于修改〈中华人民共和国安全生产法〉的决定》，新法于2021年9月1日生效。新法对推动全市安全生产工作具有里程碑式的意义，是当前和今后一段时间重庆市安全生产工作的重要依据。为此，重庆市应急管理局专门印发《宣传贯彻新修订〈中华人民共和国安全生产法〉工作方案》，要求利用电视、网络、报纸、杂志等各类媒体广泛宣传新修订《中华人民共和国安全生产法》相关内容。利用重庆电视台新闻频道"安全第一"栏目制作专题节目，结合典型案例宣传贯彻新安全生产法。开播媒体访谈，在"华龙网"或重庆之声"阳光重庆"开播访谈节目。设计宣传海报、折页和标语，在乡镇（街道）、企业事业单位、村（社区）、物业小区、车站码头等每个基层单位张贴（悬挂）和发放、张贴。向重点对象发放新《安全生产法》读本。制作并发放《中华人民共和国安全生产法100问》《中华人民共和国安全生产法100题》等宣传手册。在"十四五"期间，重庆市还重点推进《重庆市安全生产条例》《重庆市消防条例》《重庆市危险化学品安全生产管理办法》等地方性法规和政府规章的制定、修订。

3. 基层企业推行"两单两卡"的监管措施

2021年11月16日重庆市安全生产委员会办公室印发《全市工贸行业推行"两单两卡"强化一线岗位从业人员安全生产责任工作方案》，以"试点先行、以点带面、全面推广"为工作思路，以"知风险、明职责、会操作、能应急"为工作要求，逐步建立工贸行业企业一线岗位从业人员岗位风险清单、岗位职责清单、岗位操作卡、岗位应急处置卡（以下简称"两单两卡"），强化企业一线岗位从业人员安全生产责任，着力打通企业安全生产责任"最后一米"，提升全市工贸行业企业安全生产水平，防控生产安全事故。在实施时间上，分阶段施行，一年示范引领、两年重点推广、三年全面推行，在2021年底前，市级层面完成2家中央在渝和市属重点企业试点创建工作；到2022年底，按照"打造一个、带动一片"的工作要求，全市中央在渝和市属重点企业、各区县规模以上工业企业、限额以上商贸企业实现"全覆盖"；2023年起，在全市所有工贸行业企业推行一线岗位从业人员"两单两卡"，强化企业一线岗位从业人员安全生产责任。在实施措施上，按照《安全生产法》《工贸企业粉尘防爆安全规定》《冶金企业和有色金属企业安全生产规定》《工贸行业重大安全生产事故隐患判定标准》等安全生产法规标准规章要求，结合行业特点、企业实际，系统、全面梳理作业岗位，突出高温熔融、冶金煤气、涉氨制冷、涉爆粉尘、有限空间作业、危险化学品使用等"四涉一有限一使用"高风险场所、工艺、设施设备，聚焦机械伤害、物体打击、高处坠落、触电、起重伤害、车辆伤害、中毒窒息等事故多发领域，关注检维修、服务外包、临时作业等事故频发环节，系统、全面进行风险分析，明确作业岗位风险大小、类型、危害，编制"两单两卡"。在方式要求上，按照简明化、通俗化原则，结合员工生活方式、行为习惯，简化"两单两卡"，确保"两单两卡"朗朗上口、可诵可传，不要"高大上"、力求接地气。在培训宣传上，各企业要对一线岗位从业人员开展"两单两卡"教育培训，以一线岗位从业人员能够准确口述"两单两卡"内容并能够准确实操为目标，务必使员工记得住、说得明、做得到。可以采取班前会、班后会、现场"手指口述"、集中培训、有奖竞赛、文娱活动、网络传诵等多种方式进行广泛深入的教育培训，形成浓厚的学习氛围。把一线岗位从业人员背诵、朗读"两单两卡"固化为企业安全文化，通过熟记熟背达到入心入脑，潜移默化影响企业一线岗位从业人员养成安全作业的行为习惯。在转化要求上，各企业要把"两单两卡"融入企业管理，固化为安全文化。把"两单两卡"落实情况纳入"日周月"隐患排查，严格班组日排查、部门周排查、厂长（经理）月排查；把"两单两卡"融入技术管理体系中，在新工艺、新技术、新材料、新设备投入使用过程中，要充分发挥"总工程师"技术管总作业；要把"两单两卡"融入企业安全生产标准化体系创建运行中，防止"两张皮"；要把"两单两卡"落实情况纳入教育培训、检查督查、考核奖惩、绩效评定、评优评先，充分发挥"指挥棒"作用；要把"两单两卡"落实情况作为主要负责人及班子成员的履职评价标准。在执法提质上，要求各区县要把建立"两单两卡"落实企业一线岗位从业人员安全生产责任情况纳入执法检查范围，特别是主要负责人及班子成员建立并落实"两单两卡"，一线岗位从业人员"知风险、明职责、会操作、能应急"的水平和能力等情况。对发生生产安全事故的企业，把"两单两卡"作为有关人员重要的履职标准开展调查，严格"一案双查""三责同追""依法从重"。

4. 重视基层应急管理的宣教培训工作

在2018年机构改革之前，重庆市应急办非常重视基层应急管理培训，在2013—2015年度，开展了全市乡镇（街道）基层领导干部到党校进行轮训工作。培训内容主要涉及自然灾害、事故灾难等四大类突发事件、信息报送、应急处置与应急保障等专业内容，做到了按实际需求开展培训。培训方法采取了专题讲授、案例教学、桌面推演、指挥部演练等形式，初步实现了多元化的培训，其中应急演练采取"六无"式盲演。"六无"式盲演作为培训演练的一种创新方式，主要是指"无演练脚本、无演练角色指定、无预先信息、无事先预演、无过程告知、无虚假场景"的演练，采取这种演练方式，可以发现基层应急处置存在的实际问题；可以通过模拟演练，提高参演学员先期处置能力。通过基层应急管理干部的轮训，在认识上，强化了基层应急领导干部对基层应急管理工作有了重要性的认识，也认识到已有工作的不足；在理论上，拓展了应急管理的相关专业知识和处置方法；在实践上，提升了应急工作的业务水平和能力。

2018年机构改革后，通过设立周五应急大讲堂方式等进行基层应急管理培训，邀请市外应急管理领域专家、应急系统领导、工作人员等，聚焦围绕安全生产、监管执法、防灾减灾救灾等政策、工作部署、计划安排等主题进行宣讲，为基层应急管理工作人员开展培训，提升基层应急管理工作人员的应急工作技能。

（三）其他地方基层应急管理经验

1. 四川基层应急管理经验

实践成效：2014年8月，成都以开展中欧应急管理合作试点项目为契机，首选10个基层社区开展基层社区应急能力建设试点工作。同年11月底，市政府办公厅下发《关于印发〈成都市基层社区应急能力建设实施方案〉的通知》，正式拉开全市社区应急能力建设的序幕。同时，会同四川大学、香港理工大学灾后重建与管理学院修订完善《成都市基层社区综合应急能力建设评价标准》，2015年，全市21个区（市）县共建成应急能力示范社区52个，2016年，将在全市完成430个社区的应急能力提升建设任务，每个区（市）县需完成20个社区建设任务。在具体实践摸索中，有效提升了当地社区个体的危机意识、自救互救能力，形成了社区应急能力建设"共建共享"氛围；激发和发挥了社区在应急管理、危机应对中自我组织、自我管理、自我服务、自我化解功能；贯通和重构了从街道（乡镇）到社区、居民家庭的基层应急管理体系；有效破解了困扰管理者多年的基层应急管理工作无抓手、无载体难题。通过梳理，具体可借鉴的经验如下。

（1）科学设计实施方案，明确建设标准规范

制定下发《成都市基层社区应急能力建设实施方案》和《成都市社区应急能力建设评价标准》，修订完善建设标准《成都市基层社区应急能力

建设内容及考评办法》。与成都市标准化研究院合作，对现有标准做进一步规范化、机制化提升完善，将社区应急能力建设标准上升为成都市区域性地方标准，这些标准包括一套健全的应急组织体系、一套完善的应急管理制度、一支成建制的应急响应队伍、一套管用的应急预案体系、一个强有力的应急物资保障体系、一套常态化的应急宣传培训机制、一个集成高效的应急管理平台、一个适用的应急避难场所、一套清楚的应急标识辨别系统等。

（2）整合社区资源，形成共建共享合力

按照"整合资源、统筹推进、跨界合作、无缝对接、形成合力"思路，以构建科学的社区应急管理运行机制为引领，按照标准化、规范化、显性化的要求，有机融合应急管理元素，集成资金、人力、物力，统筹联动推进。在具体实践中联合民政、卫生、地震、人防、消防、红十字会等职能部门（单位），整合社区众多零散的、未成体系的、碎片化的应急资源。

（3）寓安全于便民服务中，提升群众安全感

推进社区应急能力建设，必须充分尊重居民参与安全治理的意愿，积极调动居民积极性，以群众满意度检验成效。立足群众关注热点安全问题和风险防控服务痛点，做到结合群众需求，提升社区个体获得感、幸福感、安全感。

（4）因地制宜分类实施，引导打造特色安全社区

引导社区结合自身安全情况，因地制宜、大胆创新，形成"以点带面，典型示范，整体推进"建设模式，推进建设安全社区，如新都区新都街道状元街社区就积极推进了安全社区建设，并取得不错成绩。

（5）加大预警技术研发，并助力社区各类风险的监测

由于四川处于地震带上，为了更好防范地震风险，当地政府非常重视地震的监测预警技术的研发，如借力成都高新减灾研究所，推进地震监测技术研发，并做到在地震灾难到达前通过电视、手机平台等途径向民众发出警报，使得不同部门开展不同的风险防控措施。如2013年4月20日的庐山地震，在发出警报之后，相关地区地震部门（北川局、雅安市局、宝兴

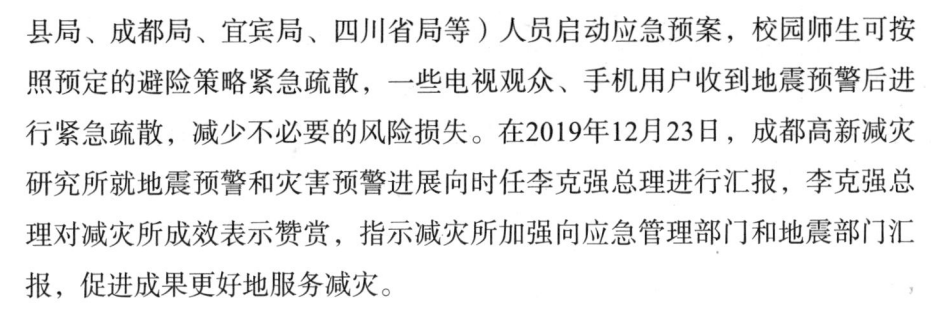

县局、成都局、宜宾局、四川省局等）人员启动应急预案，校园师生可按照预定的避险策略紧急疏散，一些电视观众、手机用户收到地震预警后进行紧急疏散，减少不必要的风险损失。在2019年12月23日，成都高新减灾研究所就地震预警和灾害预警进展向时任李克强总理进行汇报，李克强总理对减灾所成效表示赞赏，指示减灾所加强向应急管理部门和地震部门汇报，促进成果更好地服务减灾。

2.青岛基层应急管理经验

青岛市既有多数城市面临的共性风险，也面临有自身特点的风险现状。常见的风险有台风、浒苔、森林火灾、渔船倾覆、船舶漏油、关键基础设施受损等灾害和风险；同时，作为石化基地，产业集中，石油储备占全国储备近四分之一，风险防控压力大，尤其是基层应急管理压力大，具体在实践中：通过识别基层社区风险，加强企业社区、园区社区的风险防范，通过基层社区安全文化引领，着力加强社会综合防灾减灾救灾能力，提升风险评估和管控的能力。具体借鉴经验如下。

（1）组织全方位的风险评估

对照国内外发生的突发事件，及时排查风险隐患，把城市运行、油气输送管线、危化品生产储运等列入高风险领域，加强风险评估和防范应对，并基于地理信息、风险大数据形成全市风险动态管理"一张图"。通过研究构建了"监管对象一张图"，实施基层社区风险防控三大攻坚战：在大企业开展"重大安全隐患攻坚战"，压实行业部门"三个必须"责任，除大风险、治大隐患、防大事故。在社区开展"居民小区安全隐患攻坚战"，压实镇街社区网格化监管责任和住建、消防、市场监管等部门责任，保障人民群众居家安全。在小企业开展"小微企业、九小场所安全隐患攻坚战"，压实消防、公安、应急等部门责任，坚决防范和杜绝"小企业大事故""小火情大灾难"，切实加强基层风险防控的能力。

（2）通过社区安全文化引领，着力加强社会综合防灾减灾救灾能力

一方面，创新公共安全文化宣教培训方式，另一方面，根据不同类型社区公共安全需求，研发不同类型社区公共安全文化产品，并进行宣传推

广。如2019年5月,第十五届中国(深圳)国际文化产业博览交易会上,山东展区专门设立青岛应急安全文化专区,这是当年文博会上唯一一个安全文化展台,得到了有关部委和省市各级领导的高度评价,同时也得到社会公众的认可,助力提升全社会的公共安全意识,加强了社会综合防灾减灾救灾能力。

3. 江西萍乡市基层应急管理经验

江西萍乡市是全国烟花爆竹四个集中区之一,辖区各类高危企业门类齐全,单位面积分布密度为江西最大,位居全国前列,点多、线广、面长,位于罗霄山脉中段地理位置,自然灾害多发频发,安全生产、防灾减灾救灾等应急管理任务重,为打通基层应急管理工作"最后一公里",该地通过完善乡镇应急管理所(办公室)建设,使得应急救援反应迅速,基层接到险情报告后,救援时间由30分钟减少到10分钟,实现基层全面安全生产监管和应急保障能力全面加强,应对处置安全生产类和自然灾害类等各类突发事件能力显著提高,安全监管基石作用凸显,杜绝较大以上安全生产事故。具体有效经验如下。

(1)组建应急管理所,规范设置

乡镇街道是安全生产、防灾减灾的最前线。整合乡镇(街道)的安全生产监督管理、煤炭安全监督管理、应急管理、消防宣传教育、防火安全检查、灾害救助、地质灾害防治、水旱灾害防治、森林防火、防震减灾相关职责以及安全生产委员会等,组建乡镇(街道)应急管理所作为乡镇(街道)工作部门,并配备编制。2019年8月20日,萍乡市政府办印发《关于加强乡镇(街道)应急管理机构建设的意见》,在镇街道组建应急管理所和应急救援中队,构建常态减灾和非常态救灾的长效机制,为切实推进全市乡镇应急管理所和应急救援中队建设,市安全生产委员会办公室、减灾委员会办公室、防汛抗旱指挥部办公室、森林防灭火指挥部办公室、抗震救灾指挥部办公室、地质灾害应急指挥部办公室、市应急管理局联合印发了《乡镇(街道)应急管理机构建设实施方案》,细化乡镇(街道)应急管理机构建设要求和时间节点,从规范设置、统一标准、强化保障三方

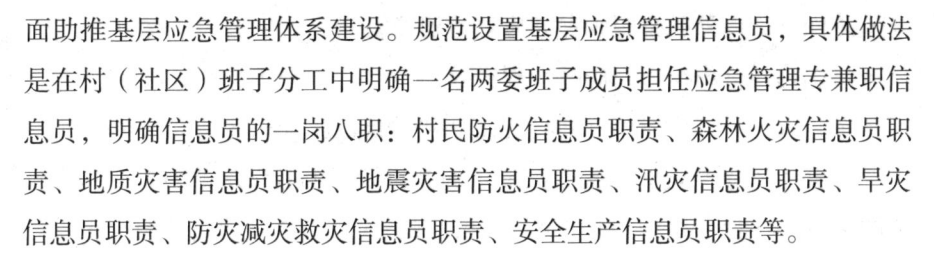

面助推基层应急管理体系建设。规范设置基层应急管理信息员，具体做法是在村（社区）班子分工中明确一名两委班子成员担任应急管理专兼职信息员，明确信息员的一岗八职：村民防火信息员职责、森林火灾信息员职责、地质灾害信息员职责、地震灾害信息员职责、汛灾信息员职责、旱灾信息员职责、防灾减灾救灾信息员职责、安全生产信息员职责等。

（2）统一标准，抓好基层基础

按照"十个一"标准，抓好基层应急管理工作，分别是一套应急管理制度、一本安全生产监管台账、一张辖区风险隐患分布平面图、一组应急管理基本情况数据库、一支网格化应急管理队伍、一册重点危险源情况表、一份多（乡镇、街道）应急总预案、一幅应急救援力量分布图、一部向社会公开的监督举报和应急救援电话、一个规范统一的标志标识。

（3）完善机制，建立健全考核体系

实行所长负责制，应急管理所设所长1名，实行所长负责制，根据需要可设置副所长，应急管理所所长为乡镇（街道）中层干部，列席乡镇（街道）班子会议。明确乡镇（街道）由乡镇（街道）党工委副书记或常务副乡镇（街道）长（主任）分管应急管理工作。建立业务培训机制，区县应急管理局每年组织乡镇应急管理干部进行一次业务培训，市级层面每年统一组织乡镇（街道）主要负责人、分管负责人、应急管理人员培训不少于一次。建立基层应急管理考核机制。制定了《乡镇（街道）应急管理所（办公室）考核办法》，明确其乡镇（街道）应急管理所（办公室）职责、任务、工作目标，由区县应急管理局进行年度考核，考核结果报市应急管理局备案。

（4）强化保障，实现基层应急管理的可持续发展

把乡镇（街道）应急管理所经费列入乡镇（街道）财政预算；建立健全应急管理所辅助人员的选用机制，通过政府购买服务、聘用等方式，向社会公开招聘应急管理所辅助人员；明确应急管理所从事煤矿、非煤矿和其他安全监管人员岗位津贴，分别是每人每月320元、每人每月220元。

（四）国内外社会组织参与应急管理经验

1. 国内社会组织参与应急管理经验

（1）社会组织参与具体应急管理事件的经验

社会组织参与防灾减灾救灾的沟通和协调影响其参与的质量，越来越多的学者关注社会组织协调的必要性和重要性。具体以国内社会组织参与九寨沟7.0级地震进行经验梳理。

1）协调中心的管理由政府和社会组织调派人员共同完成。九寨沟的协调中心采用了"一个中心多个站点"的模式。一方面，四川省团委协同多类型共十四个机构成立了协调中心，另一方面，阿坝州抗震救灾指挥部也设立了州社会组织和志愿者协调中心，两方共同派出干部在九寨沟县设立九寨沟"8·8"地震社会组织和志愿服务协力中心工作站，设立社会援助力量工作站，迅速建立了指挥协调组、报到派遣组、物资后勤组、信息组、调研评估组，形成从后方到前线一体化、层级式的协同体制。

2）建立流程，促进信息跨部门流动。协调中心建立起了统一的信息发布与协调机制，包括：发挥微博、微信公众号的宣传作用，及时向社会大众公布社会力量救灾信息；倡导以灾区需求为导向，建立社会组织与志愿者动态信息收集渠道；在紧急救援期间，驻扎县城的中心工作站每天晚上召开社会组织协调会议，分享政府的需求信息、共享各社会组织的信息和行动、反馈意见和问题。

（2）浙江社会组织参与应急管理的经验

浙江省应急管理厅非常重视社会力量参与应急管理工作，加之当地社会组织发展基础条件较好，社会组织参与应急管理服务呈现出社会组织数量众多、类型丰富特点，截至2020年底，浙江省社会应急力量共有240支，各类应急救援人员3万6千多人，其中，专职人员880人、核心队员9156人、志愿者26879人，典型的社会组织有浙江省公羊会公益救援促进会、杭州市富阳区狼群应急救援服务中心、义乌紧急救援协会等。社会组织应急救援专业能力较强，参与应急管理服务主要涉及城市搜救、高空绳索救援、山地救援、水上搜救等领域。浙江省应急管理厅遵循培育、发展、规范、提

六、重庆基层应急管理的实践经验

高的目标，在社会组织参与应急管理的培育、社会组织参与应急管理的管理、社会组织参与应急管理服务的帮扶等方面进行努力，取得初步成效，具体经验如下。

1）科学制定社会组织参与应急管理服务的政策。首先，摸清社会组织参与应急管理服务的需求。通过召开座谈会、开展实地调研、分级评估等流程，摸清社会组织基本情况，出台《关于培育支持社会应急力量发展的指导意见》，明确培育目标，在社会力量发展规划、社会力量参与应急管理服务、社会力量管理、社会力量的宣传、社会力量参与应急管理服务的激励等方面进行了政策细化。其次，将应急服务类社会组织培育纳入民生实事项目重点推进。制定了《省级社会救援力量培育规范（暂行）》，从力量、场地、装备、特长等七个方面明确建设要求，分层规范引导社会力量参与应急管理服务。最后，突出党建引领。注重社会应急力量党建工作，依托街道、社区或相关行业协会组建社会应急力量党组织或临时党组织，切实强化党对社会应急力量的领导。

2）创新方法，优化社会力量发展环境。首先，制定社会应急力量的规章制度。为了建立高效协同的应急救援统一指挥调度机制，加强对社会应急力量参与救援活动的现场管理，提高社会应急力量现场应急救援能力，先后制定出台了《浙江省应急管理厅关于进一步加强对社会应急力量参与救援活动管理的通知》（浙应急救援〔2019〕120号）、《浙江省应急管理厅关于规范社会应急力量救援现场管理的通知》（浙应急救援〔2020〕134号）等。其次，注重联合培训。应急管理厅与省军区、省红十字会签订合作协议，搭建应急社会力量的共建共训共用平台，充分共享利用部队、消防救援队伍训练基地；积极开展联合培训和应急演练，各级各类政府牵头组织的应急演练和社会宣传教育培训活动，都邀请社会应急力量参与。定期开展对社会应急力量的培训，组织社会应急力量的技能竞赛和比武活动，带动救援能力提升，2019年浙江省社会应急力量组队参加了全国首届全国社会应急力量竞赛，取得了水域类别第一、绳索类别第二和第七、破拆类别第七的好成绩。最后，社会应急力量的智能化管理。注重以信息化、智能化手段为社会应急力量进行引导和服务，建立了全省统一的应急救援指挥信息化平台。以数字化改革为契机，把社会应急力量纳入智能平台，实现统一指挥调度管理，通过浙江安全码"码上通"场景应用，对社会救援力量参与救援行动实现智能化管理，提升社会应急救援力量的救援保障和效率。

3）经费支持，为社会组织发展提供保障。首先，积极争取各类资金支持。浙江省应急管理厅积极主动与省财政厅沟通协调，争取到社会应急力量出警施救、人员培训、演练比武、设备维护等方面的支持。省财政每年会划拨专项资金用于补助和支持社会应急力量建设。建立应急社会力量救援补偿机制，对社会应急力量根据统一调度参加应急救援活动中发生的人工、交通、物资和装备损耗等给予财政补助。其次，统一购买人身保险，由省财政全额为社会应急救援力量购买人身意外保险，为全省社会应急力量一线队员在救援和演练期间发生的意外伤害承担保险责任。应急管理部门会同浙江银保监局制定出台了《关于积极推进应急救援力量意外伤害保险工作的通知》，引导保险机构强化对社会救援力量参与救援的安全保障。最后，拓宽社会应急力量救援装备保障渠道。先进适用的专业救援装备是社会应急力量开展救援的重要基础和保障，受资金和保障渠道等因素制约，很多社会应急力量的救援装备还存在较大差距，当地探索出了政府与社会应急力量共享的应急救援机制：政府购置应急装备提供给社会应急力量用于日常训练、突发事件的应急救援；社会应急力量积极参与政府组织的各项应急管理活动。

2.国外社会组织参与应急管理经验

（1）政策保障确保社会组织参与应急管理服务的积极性

社会组织参与防灾减灾救灾做得比较好的国家，非常注重提供各种政策支持，如补贴保障、激励保障等各类政策保障，最大限度调动社会组织参与防灾减灾救灾的积极性和主动性。法国出台政策明确规定：在法国境内服务的社会组织成员享有住房和交通补贴，并且参与社会服务的津贴明显高于服兵役津贴；在美国，专职志愿服务人员通过参与应急救援，可以获得一些生活补贴足以支付食品费用、房费和生活费，对于在校高校学生，可以通过兼职志愿服务工作获得两个学期的奖学金[①]，对于社会组织成员参与防灾减灾救灾活动做出突出贡献的给予一定的物质激励，对于做足1400小时的年轻应急志愿者会发放高额奖学金。德国对社会组织参与防灾减灾救灾的资金补贴比较到位，其中，政府资金补贴占比90%，扶持近3万个社会志愿服务岗位和3000个国际志愿服务岗位，还利用降低税收的方法鼓励社会企业机构对社会组织捐款，不仅有利于解决社会组织资金问题，还提高了社会组织的信誉。

（2）法律保障确保社会组织参与应急管理服务的合法性

完善的法律法规是社会组织参与防灾减灾救灾服务的有效保障。发达国家也非常重视社会组织参与防灾减灾救灾方面的法律保障，为其国内社会组织参与防灾减灾救灾提供法律保障。在美国，1973年制定了《志愿服务法》，1989年颁布《国内志愿服务修正法》，1990年颁布了《国家和社区服务法》，1992年颁布了《国家和社区服务技能加强法》，1993年颁布了《服务信托法案》，1997年颁布了《志愿者保护法》[②]，这些法律构成了社会组织参与防灾减灾救灾服务的法律支持体系。在日本，1961年出台了《灾害对策基本法》，该法律规定了在灾害发生后，社会组织参与救灾时，政府应该如何协调、沟通，合理划分救灾职责等，为社会组织参与救灾活动提供了有效法律保障，同时，日本还有其他法律，如《特定非营利活动促进法》《防灾志愿者纲要》，这两部法律都不同程度地规定了社会组织参与应急救援的权利，保障了社会组织参与救灾活动的合法地位，尤其是前者还简化了社会组织取得合法地位的程序[③]，这对今天完善社会组织登记手续具有一定的借鉴参考。意大利的社会组织参与防灾减灾救灾的法律体系也较为完善，1966年的佛罗伦萨的洪灾开启了社会组织参与防灾减

---

① 共青团华东师范大学委员会.青年志愿者活动机制之中西比较[J].思想理论教育,2004(7).

② 孟宪欣.志愿者组织在应急管理中的作用与对策研究[D].南京工业大学,2012.

③ 滕五晓,加藤孝明,小出治.日本灾害对策体制[M].北京:中国建筑工业出版社,2003.

灾救灾的新时期。之后，意大利在1970年出台了《996号法令》、1992年出台了《225法令》、2001年出台了《194号法令》等，逐步构建出社会组织参与防灾减灾救灾系列活动的法律体系，同时非常重视每部法律条文的修编调整，这也为社会组织参与应急管理服务的法律动态修编提供参考。德国法律规定，年轻人必须服兵役，但可以从事六年的应急救援志愿工作进行相抵，在法律上保证德国社会组织参与防灾减灾救灾活动的地位。

（3）信息保障确保社会组织参与应急管理服务的科学性

社会组织参与防灾减灾救灾活动，信息及时、准确地传递可以提高其参与的质量。日本拥有广泛、多元的信息公开渠道，确保其社会组织参与防灾减灾救灾的质量，其中日本的应急网络共享平台发挥了重要作用，在日本有五大信息系统，分别是通信系统、广播联络系统、信息存储系统、空中监测系统、卫星系统，这五大信息系统构成了日本应急网络共享平台，通过这个共享网络平台，可以及时掌握灾情信息，存储大量的心理救助、医疗救助、资源调配等专业人才，在紧要关头，只要发出需求指令，这种需求便会发给相应的志愿者，志愿者们将会在适合他们的岗位上发挥至关重要作用[①]，这对完善我国"社会应急力量救援协调系统"有一定参考。联合国人道事务协调厅的4W的方法（when、where、who、what，即时间、地点、机构、行动）为科学合理地记录社会组织参与防灾减灾救灾的信息提供方法支撑。

（4）培训保障确保社会组织参与应急管理服务的专业性

在美国，培训方法多元化，包括课程培训、网络培训、工作培训等，为了保证社会组织成员培训质量，还为异地社会组织成员的培训报销培训路费。德国设立了专门的社会组织培训机构，如对社区的培训，专门成立了联邦直属技术救援署（THW），为全国各个社区的社区志愿者组织开

---

① 文国峰. 日本民间非营利组织：法律框架、制度改革和发展趋势——"日本NPO法律制度研修"考察报告[J]. 学会, 2006 (1).

展规范化培训工作[①],并根据不同的培训对象设置差异化的培训内容,尤其在火灾应急培训方面更为专业。德国针对社会组织参与防灾减灾救灾的培训主要分为三个等级,分别是基础培训、专业技术培训、应急指挥官的培训,每一个等级的培训的时间、要求等不同,通过基础培训让社会组织的志愿者掌握民防等救灾知识,具备一定自救互救共救能力。通过专业培训让社会组织的志愿者可掌握救灾减灾过程中的通信、水电维修、基础设备的监测和维修等技能。对于应急指挥官的培训重点是协调能力、沟通能力。由于进入风险社会,对社会组织参与防灾减灾救灾的培训方法、培训内容提出更高的挑战和要求,应该积极借鉴国外发达国家的培训经验,确保社会组织掌握参与防灾减灾救灾活动所需的知识和技能。

---

① 凌学武. 德国应急救援中的志愿者体系的特点与启示[J]. 四川行政学院学报, 2009(6): 70-72.

七、重庆基层应急管理影响因素的实证检验

提升基层应急管理，亟须精准查找基层应急管理的影响因素，立足基层应急管理的有效影响因素精准设计对策建议是提升基层应急治理能力的有效思路。

（一）思路方法

把基层应急管理的效果用基层社区安全感来表征，把基层社区安全感作为因变量，基层社区安全意识、基层社区安全制度、基层社区安全预防行为等作为自变量，将抽样样本的性别、年龄、受教育程度、收入水平、政治面貌、社区性质等个体性因素作为控制变量，运用统计工具Spss25.0，对自变量进行效度、信度检验，并运用因子分析提取关键影响因素，对控制变量进行方差分析，对假设进行有序logistic回归分析，实证基层社区安全感影响因素，基于实证结论，提出提升社区安全感的建议。

（二）研究假设

1.意识影响因素

基层社区安全感的内层影响因素拟与社区安全意识有关。闪淳昌认为提高公众的忧患意识，是减少突发事件发生概率及其造成损失的最有效、最经济、最安全的办法。[1]姚天雨等认为良好的安全文化能够促使安全意识得到转变、规范和提升。[2]英国健康安全委员会（1993）指出："安全文化是个

---

[1] 闪淳昌.增强忧患意识 全面提升综合防灾减灾救灾能力[J].中国减灾,2021(01),12-15.
[2] 姚天雨,安超,刘纪昭.试论城市安全文化的若干基本问题[J].武汉公安干部学院学报,2009(3):63-65.

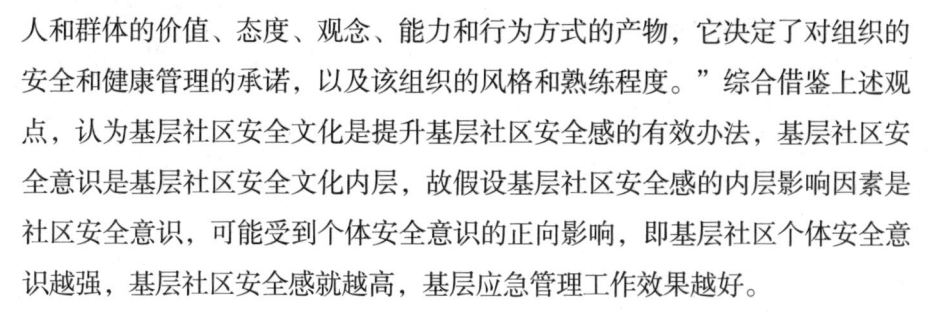

人和群体的价值、态度、观念、能力和行为方式的产物,它决定了对组织的安全和健康管理的承诺,以及该组织的风格和熟练程度。"综合借鉴上述观点,认为基层社区安全文化是提升基层社区安全感的有效办法,基层社区安全意识是基层社区安全文化内层,故假设基层社区安全感的内层影响因素是社区安全意识,可能受到个体安全意识的正向影响,即基层社区个体安全意识越强,基层社区安全感就越高,基层应急管理工作效果越好。

2. 制度影响因素

基层社区安全感的中层影响因素拟与基层社区安全制度有关。钟开斌认为提升基层安全治理需要健全基层应急管理制度,重点围绕应急值守、信息报送、先期处置、综合保障、人员培训等各项制度建设,研究制定覆盖应急管理全过程的标准化制度。[1]高小平等认为提升基层应急治理需向中国共产党一百年来系列风险治理制度汲取经验。[2]借鉴上述研究,假设基层社区安全制度拟是基层社区安全感的中层影响因素,基层社区安全感可能受到基层社区安全制度的正向影响,即基层社区安全制度健全程度越高,基层社区安全感就越高,基层应急管理工作效果越好。

3. 预防行为影响因素

基层社区安全感的外层影响因素拟与基层社区预防行为有关。季乃礼等认为社区公共安全治理的根本之策是注重危机预防,这种治理方式不但可以极大地降低公共安全的治理成本,而且能控制公共安全事件的影响范围,避免危机可能对政府信任产生的影响,保证城市居民心理状态的稳定。[3]故假设基层社区预防行为拟是基层社区安全感的外层影响因素,基层社区安全感可能受到基层社区安全预防行为的正向影响,即基层社区安全预防行为越多,基层社区安全感就越高,基层应急管理工作效果越好。

---

[1] 钟开斌.新时代基层应急管理体系建设:为何与何为[J].中国减灾,2020(09),18—21.
[2] 高小平,刘一弘.中国共产党的风险治理:百年回溯与理论思考[J].学海,2021(03),29—38.
[3] 季乃礼,许晓.以社区为依托的城市公共安全治理研究[J].理论学刊,2020(2):43—52.

（三）研究设计

1. 因变量设计

把基层社区安全感作为因变量，在问卷设计中通过"您对目前所居住社区安全感知程度"来表示，有三个选择等级，分别是安全感强、安全感弱、无安全感，分别用数字"0""1""2"来作为数据编码。

2. 自变量意识的研究设计

自变量基层社区安全意识的研究设计，基层社区个体安全意识主要通过"您掌握社区智慧安全意识程度""您掌握社区安全知识程度""您掌握社区安全法律意识程度""您掌握社区安全政策程度"等问题进行实证探究。

3. 自变量制度的研究设计

基层社区安全制度主要通过"您目前所居住地的社区公共安全管理制度的健全程度""您目前所居住地的社区公共安全预案的健全程度""您目前所居住地的社区安全员管理制度健全程度"等问题进行实证探究。

4. 自变量预防行为的研究设计

基层社区安全预防行为主要通过"您目前所居住地的社区公共安全风险监测设备的维护频率""您目前所居住地的社区公共安全预案的演练程度"等风险治理问题进行实证探究。

5. 控制变量设计

由于个体的特征也会引起社区安全感的不同感知，如性别、年龄、收入[①]、健康[②]、教育[③]等因素。为此，本研究主要把抽样对象的性别、年龄、受教育程度、收入水平、政治面貌、社区性质等个体性因素作为控制

---

① ABDULLAH A, MARZBALI M H, WOOLLEY H, et al. Testing for Individ-ual Factors for the Fear of Crime Using a Multiple Indicator-multiple Cause Model [J]. Eur-opean Journal on Criminal Policy&Research, 2014, 20 (1): 1-22.

② BRUNTON_SMITH I, STURGIS P. Do Neighborhoods Generate Fear of Crime? An Empirical Test Using the British Crime Survey [J]. Criminology, 2011, 49 (2): 331-369.

③ 汪伟全, 赖天. 社区居民安全感影响因素的实证研究——基于上海的调查 [J]. 长白学刊, 2020 (6): 69-77.

变量进行实证研究。

（四）研究结果分析

问卷发放涉及重庆大都市区、渝东北城镇群、渝东南城镇群的基层社区居民，以保证抽样样本的全面性。问卷累计发放1000份，有效回收804份，有效回收率是80.4%。

1. 信度、效度检验及相关性分析

借助Spss25.0对所有影响因素进行了信度检验，依据表7.1可知，基层社区安全感影响因素量表信度系数值是0.911，数据信度质量高。基层社区安全感影响因素效度检验KMO数值为0.938，KMO值大于0.8，p值小于0.05，所选取基层社区安全感影响因素数据效度非常好，可以对基层社区安全感影响因素进行因子分析，提取关键影响因素。选取K-S检验方法对基层社区安全感影响因素进行正态性检验，发现基层社区安全感所有影响因素峰度绝对值小于10并且偏度绝对值小于3，基本可接受为正态分布，可对基层社区安全感影响因素进行相关性分析和后续的定量分析。

表7.1 信度效度分析表

Cronbach α系数	0.911	
KMO值	0.938	
	近似卡方	7566.950
	df	66
	p值	0.000

说明：依据Spss25.0统计结果绘制表格7.1

2. 因子分析

通过因子分析得到表7.2数据，可知3个因子旋转后的方差解释率分别是52.012%、12.107%、10.686%，旋转后累积方差解释率为74.805%。所有影响因素对应的共同度值均高于0.4，意味着影响三个影响因素和基层社区安全感之间有着较强的关联性，因子可以有效地提取出对基层社区安全感影响的信息。具体把序号36题、序号27题、序号14题、序号31题分为一组，分别用X1、X2、X3、X4表示，定义为因子1，命名为基层社区安全意识影响因素。把序号24题、序号21题、序号23题、序号32题分为一组，分别用X5、X6、X7、X8表示，定义为因子2，命名为基层社区安全制度影响因素；把序号20题、25题、22题、37题分为一组，分别用X9、X10、X11、X12表示，定义为因子3，命名为基层社区安全预防行为影响因素。

表7.2 因子分析结果表

项目	因子载荷系数			综合得分系数	权重
	因子1	因子2	因子3		
X1：掌握智慧安全意识	0.805			0.1500	5.44%
X2：掌握社区安全知识	0.804			0.2630	9.54%
X3：掌握安全法律意识	0.730			0.1407	5.10%
X4：掌握安全政策意识	0.792			0.1280	4.64%
X5：社区预案制度		0.916		0.2731	9.91%
X6：社区公共安全设施配备制度		0.906		0.2744	9.95%
X7：社区公共安全管理制度		0.926		0.2802	10.17%
X8：社区安全员制度		0.802		0.2601	9.44%
X9：社区安全员巡逻频率			0.881	0.2656	9.64%
X10：社区预案演练程度			0.858	0.2566	9.31%
X11：社区风险监测			0.910	0.2728	9.90%
X12：社区安全志愿队伍健全程度			0.808	0.1916	6.95%
特征根	6.241	1.453		1.282	
旋转后方差解释率%	52.012	12.107		10.686	
旋转后累计方差解释率%	52.012	64.119		74.805	

说明：依据Spss25.0统计结果绘制表格7.2

3.控制变量方差分析

通过分析调查对象的性别、教育程度、年龄、职业、月收入、家庭安全年度支出、社区居住年限、社区房子性质、政治面貌等9项控制变量对基层社区安全感的影响，发现个体的教育程度、年龄、月收入、家庭安全

七、重庆基层应急管理影响因素的实证检验

年度支出、社区居住年限、社区房子性质等6项控制变量对基层社区安全感有影响,这一发现与汪伟全对上海安全感影响因素控制变量的实证研究结论[1]基本吻合;还发现个体性别、政治面貌、职业等对基层社区安全感没有差异,具体每项控制变量方差分析如下:

(1)教育控制变量分析

通过表7.3可以得出:教育程度对基层社区安全感呈现出0.01水平显著性,说明基层社区居民个体学历越高,基层社区安全感越高。原因可能是社区居民个体教育程度越高,接触安全知识机会较多,吸收和转化安全知识和技能水平较高,具备一定的社区安全自救互救知识和技能,对社区安全感持有乐观态度。

表7.3 教育与社区安全感方差分析结果表

	教育程度(平均值±标准差)						
	小学以下 (n=12)	初中 (n=44)	高中 (n=38)	大专 (n=89)	本科 (n=404)	研究生及其以上 (n=221)	F P
安全感	2.50±1.91	1.70±1.09	2.13±1.30	2.20±1.24	2.48±1.08	2.52±1.08	5.505 0.000**

说明:依据Spss25.0统计结果绘制表格7.3

(2)年龄控制变量分析

年龄对基层社区安全感呈现出0.01水平显著性。依据表7.4发现:年龄控制变量对基层社区安全感有着较为明显差异的组别平均值得分对比结果是18~30岁高于56岁以上,31~55岁高于56岁以上,这说明老年群体对基层社区安全感知比较低,中青年群体对基层社区安全感知比较高,可能因年龄问题导致老年群体在自救能力、对社区风险理解能力、防控能力、安全知识、社区安全政策等方面比中青年要弱一些。通过计算个体年龄对基层社区安全感的组间差(SSB)为16.157,总离差(SST)为1025.586,偏Eta方数值为0.016,可见年龄对基层社区安全感差异幅度是0.016。

---

[1] 汪伟全,赖天.社区居民安全感影响因素的实证研究——基于上海的调查[J].长白学刊,2020(6):69-77.

表7.4　年龄与社区安全感方差分析结果表

	\multicolumn{4}{c}{年龄（平均值±标准差）}		
	18岁以下 (n=4)	18-30岁 (n=550)	31-55岁 (n=229)	56岁以上 (n=21)	F	P
安全感	2.25±0.96	2.45±1.10	2.31±1.18	1.62±1.07	5.505	0.000**

说明：依据Spss25.0统计结果绘制表格7.4

（3）月收入控制变量分析

依据表7.5看出：月收入对于基层社区安全感呈现出0.01水平显著性，说明基层社区居民个体月收入越高，居民个体对基层社区安全感知比较高，尤其是月收入5406元以上的群体的基层社区安全感平均值达到2.66。这说明个人收入越高，越关注和追求安全方面的需求，这符合马斯洛需求规律。通过计算月收入对基层社区安全感的组间差（SSB）为40.021，总离差（SST）为1025.586，偏Eta方数值为0.039，可见月收入对基层社区安全感差异幅度是0.039。

表7.5　月收入与社区安全感方差分析结果表

2400元以下 (n=170)	2401~3001元 (n=78)	3002~3602元 (n=153)	3603~4203元 (n=87)	4204~4804元 (n=64)	4805~5405元 (n=75)	5406元上 (n=177)	F	P
1.81±0.97	2.23±1.18	2.33±1.08	2.51±0.99	2.47±0.96	2.41±1.10	2.66±1.19	4.618	0.000**

说明：依据Spss25.0统计结果绘制表格7.5

（4）社区房子性质控制变量分析

社区房子的性质对基层社区安全感呈现出0.05水平显著性。依据表7.6具体对比差异可知：有着较为明显差异的组别平均值得分对比结果为商品房高于自建房，拆迁安置房高于自建房，单位家属区的平均值最高，达到2.85，可见单位家属区的社区安全感最高，自建房的社区安全感最低。主要原因可能是单位家属区因安全管理制度比较健全，安全管理资金支持有保障，社区个体安全治理自觉性比较高，故社区个体对社区安全感比较高，而自建房在安全治理资金、安全制度等方面还存在欠缺，故社区个体对基层社区安全感比较低,也不利于基层应急管理工作。

表7.6 社区房子性质与社区安全感方差分析结果表

	社区房子性质(平均值±标准差)								
	单位家属区(n=75)	商品房(n=392)	拆迁安置房(n=40)	集资建房(n=16)	自建房(n=114)	不清楚(n=75)	其他(n=92)	F	P
安全感	2.85±1.02	2.46±1.13	2.50±1.20	2.56±1.09	2.06±1.22	2.57±1.07	2.30±1.06	2.476	0.022**

说明:依据Spss25.0统计结果绘制表格7.6

(5)社区居住时限控制变量分析

居住时间对基层社区安全感呈现出0.01水平显著性,依据表7.7对比差异可知:社区居民个体居住时限越长,基层社区安全感知越低;居住时间越短,对基层社区居民个体安全感知越高。出现这种现状的原因是社区居民个体居住时间越长,社区安全风险隐患越多,这些风险隐患主要表现为电气线路老化、消防设施陈旧、消防车道占用、搭建可燃雨棚等安全隐患,可谓是社区风险隐患的重灾区域,一定程度上增加了基层应急管理的难度。

表7.7 居住时限与社区安全感方差分析结果表

	居住时限(平均值±标准差)								
	5年以下(n=400)	5~10年(n=149)	10.1~15年(n=81)	15.1年~20年(n=44)	20.1~25年(n=40)	25.1年以上(n=59)	不清楚(n=31)	F	P
安全感	2.7±1.07	2.38±1.17	2.47±1.26	2.52±1.32	2.05±1.01	1.78±0.89	2.39±1.23	4.263	0.000**

说明:依据Spss25.0统计结果绘制表格7.7

(6)居家安全方面的年度支出控制变量分析

居民个体家庭用于居家安全方面的年度支出对基层社区安全感呈现出0.01水平显著性。通过表7.8具体对比差异可知:有着较为明显差异的组别平均值得分对比结果为安全年度支出4603元以上的安全感高于100元以下的,整体趋势就是居民个体安全年度支出越高,基层社区安全感知越高,可能因家庭安全经济投入越多,家庭安全设施保障得越好,居民个体越有安全感，表明越有利于开展基层应急管理工作。不同层次家庭安全支出对安全感的差异度幅度是0.020。

表7.8 居家安全方面的年度支出与社区安全感方差分析结果表

	年度支出（平均值±标准差)							
	100元以下 (n=106)	100~1600元 (n=260)	1601~3101元 (n=100)	3102~4602元 (n=29)	4603元以上 (n=43)	不清楚 (n=266)	F	P
安全感	2.42±1.17	2.34±1.11	2.16±1.00	2.52±1.30	2.82±1.18	2.56±1.13	3.239	0.007**

说明：依据spss25.0统计结果绘制表格7.8

4. 有序Logistic回归模型分析

把基层社区安全意识、基层社区安全制度、基层社区安全预防行为作为自变量，基层社区安全感作为因变量进行有序Logistic回归分析，通过模型似然比检验发现模型自变量有效，模型构建有意义。分析回归模型预测准确率，发现三个自变量的整体预测准确率为70.02%，比较高。依据表7.9可知：基层社区安全意识的回归系数值为1.667，并且呈现出0.01水平的显著性，意味着基层社区安全意识对社区安全感产生显著的正向影响关系，优势比为5.296，意味掌握安全知识增加一个单位时，基层社区安全感的增加幅度为5.296倍，表明基层社区安全意识越高，基层社区安全感越高，越有利于基层应急管理工作的开展。基层社区安全制度的回归系数值为0.753，并且呈现出0.01水平的显著性，优势比为2.124，基层社区安全管理制度增加一个单位时，基层社区安全感的增加幅度为2.124倍，表明社区安全制度越好，社区安全感越高，基层应急管理工作效果更好。基层社区安全预防行为的回归系数值为0.559，并且呈现出0.01水平的显著性，优势比为1.750，基层社区安全预防行为增加一个单位，基层社区全感增加幅度为1.750，说明基层社区安全预防行为越好，社区安全感越高，基层应急管理越好。

七、重庆基层应急管理影响因素的实证检验

表7.9 有序Logistic回归模型分析结果汇总表

项	项	回归系数	标准误	Z值	Wald χ^2	p值	OR值	OR值95%
因变量阈值	5分	4.876	0.268	18.191	330.929	0.000	0.008	0.005~0.013
	4分	8.136	0.364	22.373	500.558	0.000	0.000	0.000~0.001
	3分	11.454	0.479	23.889	570.678	0.000	0.000	0.000~0.000
	2分	13.475	0.561	24.034	577.649	0.000	0.000	0.000~0.000
自变量	社区安全意识	1.667	0.111	15.077	227.321	0.000	5.296	4.264~6.577
	社区安全制度	0.753	0.128	5.899	34.800	0.000	2.124	1.654~2.728
	社区安全预防行为	0.559	0.116	4.836	23.387	0.000	1.750	1.395~2.195

（五）研究结论

通过把基层社区安全意识、基层社区安全制度、基层社区安全预防行为作为自变量，基层社区安全感作为因变量进行有序Logistic回归分析，研究结论如下。

1.意识的结论

基层社区安全意识是基层社区安全感的内层影响因素，社区安全意识越高，基层社区个体安全感越高，基层应急管理效果越好。关于基层社区安全意识影响因素验证发现，基层社区安全意识回归系数值为1.667，占比最高，基层社区安全意识优势比为5.296，可见基层社区安全感内层影响因素是基层社区安全意识，社区安全意识越高，基层社区居民个体安全感越高，基层应急管理工作效果越好，说明研究假设1成立。该结论和重庆实践情况具有一致性：重庆非常重视基层安全宣传教育培训工作，每年都会组织应急管理系统的应急干部到各级党校、高校等培训机构进行培训学习、演练，让基层应急干部掌握一定基层应急管理知识、政策、技能、能力等，提升基层应急干部对社区安全治理能力，这也提升了社区居民的安全知识掌握水平、安全法律意识、安全政策意识。

2. 制度的结论

基层社区安全制度是社区安全感的中层影响因素，基层社区安全制度越健全，基层社区个体安全感越高，基层应急管理效果越好。通过对基层社区安全制度影响因素验证发现，基层社区安全制度回归系数值为0.753，占比低于城市社区安全意识占比，基层社区安全制度优势比为2.124，可见基层社区居民安全感中层影响因素是基层社区安全制度，基层社区安全制度越健全，基层社区安全感越高，基层应急管理效果越好，说明研究假设2成立。该结论吻合了重庆的实践成果：2018年国家机构改革之前，重庆市应急管理办公室出台了基层应急管理标准化政策意见，建立社区安全在预防、监测、先期处置等环节系列标准化的制度体系；2018年国家机构改革之后，继续深入推进基层应急能力建设工作，重庆市应急管理局对基层社区建立了"五有八化"制度体系，确保基层社区应急管理"有机构、有人员、有条件、有能力、有规则"等五有组织体系，并要求基层社区应急管理在机构设置、职能职责、人员配备、设施装备、执法检查、监管监控、工作制度、救援队伍等8个方面实行规范化制度建设。

3. 预防行为的结论

基层社区预防行为是基层社区安全感的外层影响因素，基层社区安全预防行为越好，越有利于保障基层社区安全感，基层应急管理效果越好。通过对基层社区安全预防行为影响因素验证发现，基层社区安全预防行为的回归系数值为0.559，基层社区安全预防行为的影响程度低于基层社区安全制度，属于外层影响因素。基层社区安全预防行为的优势比为1.750，说明基层社区安全预防行为越好，越有利于保障基层社区安全感，基层应急管理效果越好，研究假设3成立。该结论也较好地解释了重庆的实践工作，当地应急管理部门非常重视基层风险预防行为建设：对基层社区实施风险管理活动，如开展社区风险评估、绘制社区风险地图，实施"两单两卡"（岗位风险清单、岗位职责清单、岗位操作卡、岗位应急处置卡）等。

八、重庆基层应急管理的实践问题

（一）机构改革前基层应急管理问题

机构改革前的基层应急管理问题的调研问卷形成过程如下：首先，在基层应急管理理论研究的基础上，设计基层应急管理访谈内容，选取重庆市基层应急领导干部典型代表若干名，并进行有效访谈，了解基层应急管理的现状，形成初步基层应急管理研究主题。其次，邀请应急管理领域的专家、领导干部等群体对初步形成的研究主题运用头脑风暴方法进行筛选，确定了最终的研究问题。最后，综合考量基层应急管理研究的可行性和有效性，最终形成了由基本情况、现状调查、培训需求调查、其他建议四部分组成的调查问卷。个人基本情况主要涉及性别、年龄、职务、从事应急管理工作年限四个方面，用于研究基层应急管理队伍的结构性问题。现状调查主要包括对基层应急管理所需专业知识、面临困难等方面。培训需求调查主要包括培训内容调查、培训方式方法调查、改进措施三方面，主要是了解和掌握基层应急培训的现状和问题。其他建议主要是为了保证基层应急管理研究的完整性。调查问卷的组成部分和研究问题的相互支撑，保证了研究的效度和信度。

调查问题以问卷的形式，以1000名基层应急领导干部为对象，他们来自主城都市区、渝东北三峡库区城镇群、渝东南武陵山区城镇群的基层应急干部利用他（她）们2013年—2015年度在市委党校学习培训时期，开展问卷调查和深度访谈。在2013年度，有效回收92份；在2014年度，有效回收262份；在2015年度，有效回收458份，2013年度—2015年度调查问卷有效回收812份，总体回收率是81.20%，整体回收率较好，可以客观描述和呈现出基层应急管理存在的问题。具体发现机构改革前基层应急管理存在的问题有基层应急队伍结构不合理，专业性待提高；应急预案存在空转，隐患排查的规范化建设待加强；应急专业知识存在欠缺，应急信息报告时效性、准确率待提高；应急宣教不到位，培训待完善等问题，具体分析如下。

1. 基层应急队伍待优化

（1）应急队伍年龄结构略有偏大

调查显示，调查的基层应急队伍中，男性比例是90.02%，女性比例是9.98%，年龄结构25~35岁的比例是23.89%、36~45岁的比例是49.14%，46岁以上的比例是26.97%。调查发现，调查的基层应急队伍成果以男性为主，主要的年龄结构在36~45岁之间，年龄略为偏大，在一定程度上影响对应急处置最新动态、最新技术的接受能力，需要优化基层应急队伍结构，充分发挥应急队伍的保障作用。在组建基层应急队伍时，要注重基层应急队伍的年龄结构，既要考虑有经验的人员，也要补充新鲜的"血液"。

（2）应急队伍专业性不高

调查显示，在机构改革前，基层应急队伍中专职人员比例过少，有91.75%的基层领导干部认为目前从事应急管理工作的是兼职人员；专业人员不足，在基层应急工作面临困难中，有86.33%的基层领导干部认为专业人员不足；在基层应急工作存在的问题中，有86.82%的基层领导干部认为应急管理工作人员缺乏；在提高基层应急能力中，有93.35%的基层领导干部认为应该加强队伍建设。出现这些现状主要因为部分乡镇（街道）、村（社区）地理位置偏僻，存在应急信息接受不对称问题，加之管理相对松散，导致人员素质参差不齐，影响应急处置专业能力，容易扩大突发事件对外界的破坏力，故需提高基层应急队伍的专业性，保障应急工作的顺利开展。可见，组建好专业化的应急救援队伍是做好基层应急保障的关键环节。

2. 基层应急预案待加强

（1）应急预案存在空转，对应急处置的指导力度不够

应急预案制订的主要目的是应用于实践，有效预防和应对突发事件，

最大限度地减少突发事件造成的损害。调查显示，接近一半的基层领导干部认为应急预案空转，使得基层应急管理不能按照事前、事发、事中、事后、谁来做、怎么做、做什么、何时做的要求有效开展工作，不能有效预防和应对突发事件，不能最大限度地减少突发事件造成的损害。启示我们对于该时间段内的基层应急管理应急预案的建设，不仅要建立多领域基层应急预案体系，而且要加强动态管理，提高基层应急预案的指导，保证应急预案的有效运转。

（2）隐患排查频率低，周期较长

调查显示，在机构改革前，基层应急管理每周进行隐患排查的占比是17.49%，每月进行隐患排查的占比是74.51%，每季进行隐患排查的占比是8%。可见，该阶段隐患排查周期主要是以月为单位，排查周期较长，影响对危险源的排查和控制。同时，在基层应急能力的调查中，有68.23%基层领导干部认为应该加强隐患排查，需缩短隐患排查周期，保证安全的预防与管理。这要求我们以后在基层应急管理的隐患排查中，要建立隐患排查制度，实现流程规范化的隐患排查，把突发事件扼杀在萌芽中，真正做好应急管理关口前移的工作。

3. 基层应急知识待提高

（1）应急专业知识有一定欠缺

应急专业知识是应急管理的基础条件。调查显示，在机构改革前，在基层应急困难调查中，有86.70%的基层领导干部认为基层应急专业知识欠缺是最大的困难，其中包括"风险防范、防灾减灾"等应急专业知识的欠缺，"政策法规"的欠缺。在基层领导干部对自身应急能力的评价中，"适应"的评价只占15.83%，"基本适应"的是54.31%，"不太适应"的比例是25.83%。发现基层领导干部对应急管理专业知识的欠缺，在一定程度上影响其对应急管理预防、监测、处置与救援、恢复与重建工作的开展，故需继续加强应急专业知识的培训和教育，建立具有当地特色的应急知识的宣教培训体系，不仅要梳理出实用且通俗易懂的应急专业知识，而且也需要创新应急专业知识宣传的方式方法，充分发挥出应急专业知识和政策法规的指导作用。

（2）应急信息报告时效性、准确率不高，报送人员设置数量少

调查显示，突发事件信息报告基本达到准确、及时的要求。在访谈过程中，发现部分偏远的乡镇（街道）的应急工作人员不是很清楚基层应急信息报告的流程、渠道、内容、格式等，在一定程度上影响应急信息报告时效性、准确率。调查显示，在机构改革前，47.54%的乡镇（街道）仅设置了1位信息报送人员，使得应急值班值守工作得不到保障，存在突发事件信息迟报、瞒报、错报、漏报的隐患。以后要继续加强应急信息报告制度建设，要提高信息报告时效性、准确率，加强应急值班值守规范化建设，确保应急值班值守工作顺利开展。

4. 基层应急宣教待完善

（1）应急宣传内容不足，应急宣教时间滞后

调查显示，机构改革前，有48.57%的基层领导认为基层应急宣传不足，有72.66%的基层领导认为基层应急管理宣传教育滞后，应急宣传内容的不足和教育的滞后在一定程度上影响了应急宣传的效果。同时，有46.12%的基层领导干部认为应该加强科普宣教，提高全市群众的应急管理参与能力。这要求以后的基层应急管理的宣教要保证宣教内容的系统性、创新性、实效性。

（2）应急培训内容的丰富性不高，实践性不强

应急培训内容是应急培训体系的关键点，其设置科学与否直接影响应急宣教培训质量的高低。对于培训内容：调查显示，基层领导干部认为培训内容重要性的依次排序是：实战演练，比例高达78.94%；其次，与各类突发事件相关的专业知识、处置突发事件的第一时间的技巧与汇报、突发事件的现场沟通、媒体应对、信息发布、心理辅导等内容。可见，基层应急培训内容需要丰富和优化，需要加强实战演练等方面的培训。对于培训内容的载体：调查发现基层领导干部认为合适的排序是：应急管理案例，比例达78.47%；然后依次是应急管理相关法律法规、应急管理现状、应急管理基层理论等。启示基层应急管理的培训，要按照应急管理工作的实际

需求，合理甄选应急培训内容和载体。

（3）应急培训方法单一，应急培训方式单调

应急培训方法是应急培训体系的重要组成部分。调查显示，基层领导认为最有效的应急培训方法是培训演练，比例高达75.92%；同时，也比较关注开展专题教育培训活动、建立科普宣教基地、发放应急手册、组织知识竞赛等形式。单一的应急培训方法，重理论、轻实践的培训方式使得应急培训效果不佳。基层应急管理的培训方法需要多元化，优化组合每种培训方法，充分发挥不同培训方式方法的特点和优势，提高培训质量。

（二）机构改革后基层应急管理问题

机构改革后的基层应急管理问题的调查问卷形成过程如下：首先，在基层应急管理理论研究的基础上，设计了机构改革后基层应急管理访谈内容，选取重庆市基层应急领导干部典型代表若干名，并进行有效访谈，了解基层应急管理的现状，形成初步研究主题。其次，邀请应急管理领域的专家、领导干部等群体对初步形成的研究主题运用头脑风暴方法进行筛选，确定了最终的研究问题。最后，综合考量基层应急管理研究的可行性和有效性，最终形成了机构改革后基层应急管理的调查问卷。调查问卷发放对象涉及重庆大都市区、渝东北城镇群、渝东南城镇群的社区个体，保证抽样样本的全面性。2019—2020年，课题组累计发放调查问卷1000份，有效回收804份，有效回收率是80.4%。立足调研访谈反馈和问卷调查数据，剖析了重庆基层应急管理五方面的问题现状：分别是基层应急管理社区新问题、沟通协调问题、基层应急管理的社会化问题、基层应急管理的文化问题、基层应急管理的技术问题等，具体如下。

1. 基层应急管理新问题

一是城市型社区的新问题：重庆是国家中心城市，其功能定位有政治功能、经济功能等指标。就政治功能而言，重庆是西部地区的政治中心，经济功能则体现在是长江上游地区经济中心、国内重要功能性金融中心等，而城市是这两大功能的重要载体，但在发展过程中存在一些风险防控盲区，如城市社区人口众多，流动人口多，面临人口风险源多、管理技术

挑战性强、管理专业性强且风险隐患动态变化性大等问题；经济发展面临的风险隐患具有新异性、隐蔽性等特点，如资金管理盲区、互联网运用盲区，这些都给基层应急风险治理带来一定的困难。

二是农村型社区的新问题：国家对重庆的综合定位是优化城乡统筹发展的国家中心城市，故从优化城乡统筹发展角度分析存在的风险盲区。优化城乡统筹发展可以通过新型城镇化建设、产城融合方式等实现，但在具体实践发展过程中出现农村转移人口的市民化困境，表现在农村转移人口市民化素质不高、就业岗位供给不足、精神文化活动较少，政策保障不及时，使得农村转移地区和城市转入地区容易产生各类社会矛盾问题，对社会治安造成一定的冲击和影响。加之由于农村地区基层基础设施建设薄弱，使得农村基层公共安全服务有待加强，导致农村型社区的公共安全风险防控压力大。

三是园区型社区的新问题：工业园区是各区县（自治县、市）结合地域资源优势和产业特色形成的省级特色工业园区，是建设国家重要现代制造业基地、西部创新中心和构建内陆开放高地的重要支撑体系，截至2022年底，重庆市共计建成50个工业园区，形成（2+6+6+36）的模式，"2"是指两江新区、重庆高新区，第一个"6"是6个国家级经开区及高新区，第二个"6"是6个国家级综合保税区，"36"是指三十六个市级特色工业园区。但这些园区由于基础设施配套不完善，产业单一不健全，产城融合不充分，为园区应急管理服务的供给留下风险隐患，尤其是化工类工业园区，化工和危化品事故虽然减少但是重特大事故尚未有效遏制，2022年1—8月全国共发生化工事故87起，死亡103人，较大事故6起，死亡21人。从整体上看，化工和危化品安全生产工作处于爬坡过坎期，重大危险源点多面广，能量集中。从问题上看，化工园区存在缺乏规划统筹、功能定位不清、企业入园门槛低、配套水平不高、监管力量不足等问题，使得化工园区整体风险较高，加之园区风险的监测预防、宣教培训供给滞后实际安全需求，使得园区风险防控存在一定压力。

四是企业型社区的新问题：企业型社区存在安全风险主要因为企业

的经济收入与安全成本投入之间存在博弈失衡,具体表现在三个方面:第一,企业领导的公共安全意识存在逐级递减现象;第二,企业安全知识的专业作用发挥不充分;第三,企业的安全监管有漏洞,导致企业的安全生产责任落实不到位。

五是校园型社区的新问题:校园型社区存在安全风险主要由于校园人数多、公共安全服务需求多元化且多变,使得校园型社区的风险存在风险隐患点多、隐蔽性强的特点,且以链式方式发展,波及影响大,为校园安全治理带来一定难度。

2. 基层应急管理的沟通协调问题

基层应急管理的沟通协调问题主要表现在三个方面,分别是基层社区安全项目多整合难;基层社区安全服务主体多,沟通协调限制多;行业部门协作欠缺。

(1) 社区安全项目多整合难

基层社区安全项目包括"全国综合减灾示范社区""地震安全示范社区""平安社区"等,这些项目在建设方案、考核验收标准等方面均存在不同程度的重叠和交叉,加之一些下达项目的职能部门爱当"甩手掌柜",对基层社区安全项目工作的建设、评估、后续问题解决等业务指导不足、不充分,容易使得社区疲于应付,以致出现"挂牌了事"现象,造成投入资源的浪费。

(2) 社区安全服务主体多,沟通协调限制多

社区虽然是安全工作"属地管理"的末梢,但社区服务对象结构复杂。同时,基层应急管理问题涉及的职能部门多,如应急、地震、民政、司法等部门,加之职能部门的权限不对等、权能、权责不对称等原因,使得职能部门的综合协调限制条件多,基层应急管理容易存在"各自为政"的现象。加之社区对安全问题缺乏直接处置权利、人手少,部分社区自身的工作方式较为传统,微博、微信等现代化的手段运用不足,使得基层应急管理问题的协调略显乏力。如调研中发现社区的油罐、危化物品存储的风险问题,基层社区需要几轮沟通才能解决,无疑揭示出社区应急管理沟

通协调乏力，容易贻误社区安全隐患排查最佳时机。

（3）行业部门协作有待加强

基层社区应急管理涉及食品、交通、消防、安全生产、环境保护等，这些行业间虽然有一定的沟通，但是沟通协调机制尚未充分建立，导致各行业间、行业内的沟通不充分，出现基层应急管理的风险监测信息不准确，预警信息共享不及时的现象；各行业的安全信息共享不足，就会出现"拥有数据的行业部门没有能力去分析"的尴尬情景，不能发挥出监测预警数据的监测预警预报预判的作用。

3. 基层应急管理的社会化问题

基层应急管理的社会化主要是指基层社区应急管理需要社会组织、社区个体等社会力量参与，基层应急管理社会化的问题主要表现为组织数量少、专业能力不足、政策不完善三个方面。具体分析如下：一是应急管理类社会组织等社会力量有限，不能充分满足社区应急管理需求，无疑增加了基层政府应急管理服务压力。出现这种问题的原因如下：机构在改革后才开始重视社会力量参与应急管理服务，应急管理类社会组织的发展处于初期，成熟的应急管理类社会组织还不多，不能充分满足社区应急管理需求。二是应急管理类社会组织、社区个体参与应急管理服务的能力不足，主要表现在专业救援能力、应急管理政策理解能力、应急知识的宣传教育等方面，尤其是社会组织的宣教培训形式、方式与实际群众喜欢的形式还有一定的差距且社会组织提供应急知识的培训内容的针对性、科学性有待提高。三是基层应急管理类社会组织等社会力量的各种支持政策不完善，主要表现为激励政策、注册政策、经费支持政策等方面不完善。在此主要以激励政策为例进行分析。

社会组织参与社区应急管理需要采取各种方式、方法进行激励，以更好地激发社会组织参与防灾减灾救灾的积极性、专业性。但在实践中，发现社会组织的激励手段、激励方式、激励政策等方面存在如下问题：应急管理类社会组织、社区个体等参与社区应急管理的激励手段过于单一，只关注精神层面的激励，缺乏多元化、立体式的激励方式和政策，如《重庆市应急志愿者管理办法》只是宏观规定了正激励、负激励的奖励与惩罚的条款，涉及的激励方式只停留在精神层面，未对其他激励手段做出详细规定和说明，在一定程度上影响了应急管理类社会组织、社区个体参与社区应急管理的积极主动性。

4.基层应急管理的文化问题

按照文化管理的"观念层、制度层、行为层"的逻辑分析基层应急管理的文化问题，具体分析如下：

（1）基层应急管理的观念层问题

在基层应急管理的影响因素的实证研究中发现：基层社区安全意识是基层社区安全感的内层影响因素，社区安全意识越高，基层社区个体安全感越高，基层应急管理效果越好。基层社区应急意识属于安全文化的观念层，主要是指社区个体通过掌握一定的公共安全知识，树立一定的社区应急意识，为开展自救互救提供一定的基础。《中华人民共和国突发事件应对法》（2007）把应急突发事件分为自然灾害、事故灾难、公共卫生事件、社会安全事件四类，立足城市社区、农村社区、校园社区、企业社区、园区社区等属性特点及其发展情况，城市社区、农村社区、校园社区、企业社区、园区社区的个体需要具备一定识别安全隐患、掌握安全常识等的安全意识，只是不同类型社区的个体在不同突发事件中，应该各有侧重点。在自然灾害层面，城市社区、农村社区、校园社区、企业社区、园区社区需要重点掌握地震安全知识、气象安全知识、生物安全知识、森林火灾等与自然灾害相关的安全知识并树立与之相关的安全意识。在事故灾难层面，企业社区、园区社区的个体需拥有生产安全的知识并树立与之相关的安全意识，而城市社区、农村社区、校园社区个体需拥有居家安全、公共区域安全等安全知识并树立与之相关的安全意识。在公共卫生事件层面，每类社区个体都需拥有卫生防疫安全、自救安全、食品安全、心理健康安全等安全知识并树立与之相关的安全意识。在社会安全事件层面，城市、农村社区、校园社区等个体需拥有治安安全等安全知识并树立与之相关的安全意识。为了更真实地反映重庆社区个体对社区应急管理文化观念层的问题，主要通过调查基层社区个体的应急意识、社区个体对应急管理知识宣教培训的态度、认知等进行问题反馈。

在具体问卷调查中发现的问题如下：

基层社区个体对应急意识的态度参差不齐，对基层社区应急管理知识的熟悉和掌握程度也不一样，整体基层社区个体应急意识仍需继续提升。

在对城乡基层社区个体应急意识重要性的调查（分值越高表示越重要，越低则相反）中发现（具体数据如图8.1所示）

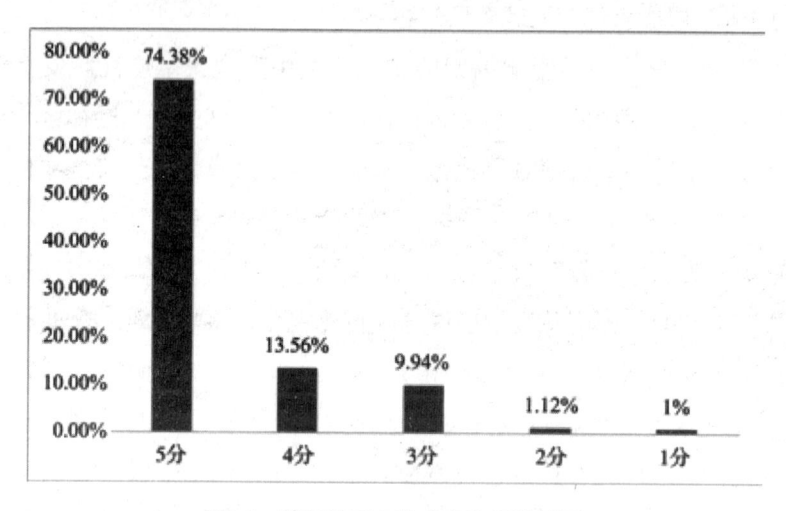

图8.1 基层社区个体应急意识统计图

认为5分的占比是74.38%，认为4分的占比是13.56%，认为3分及其以下的占比是12.06%，说明被抽样的样本个体中，城乡基层社区个体应急意识整体较高。具体城乡基层社区个体应急意识差异如表8.1所示：

表8.1 城乡基层社区个体应急意识表

X/Y	5分	4分	3分	2分	1分
城市基层	72.55%	14.71%	10.98%	0.59%	1.17%
农村基层	79.56%	12.15%	6.63%	0.55%	1.11%
城乡基层	74.34%	10.62%	10.62%	4.42%	0

重庆农村社区个体对社区应急意识重要性5分在认识中占比最高，占比是79.56%，城市社区个体应急意识重要性5分在认识中占比是72.55%，城乡

边缘社区个体对社区应急意识重要性认识占比也高于城市社区个体的占比，达74.34%，之所以出现这种现象，主要因为在应急管理机构改革之前，重庆市应急办在2013—2015年度开展了全市乡镇（街道）基层领导干部的轮训工作，三年轮训的培训效果开始凸显。培训内容主要涉及自然灾害、事故灾难等四大类突发事件、信息报送、应急处置与应急保障等专业内容，做到了按实际需求开展培训，使得基层领导干部，在认识上，强化了基层应急管理工作重要性的认识，也认识到已有工作的不足；在理论上，拓展了应急管理的相关专业知识和处置方法；在实践上，提升了应急工作的业务水平和能力，为基层地区尤其是农村地区开展安全知识的宣传和培训工作奠定了基础。但由于存在培训的漏斗原理，加之社区个体的知识素养不高，基层社区对应急知识的理解和转化率不高，基层干部对不同类型社区个体的培训方式存在一定问题，使得城乡社区个体对社区应急知识的熟悉和掌握也不一样，具体统计情况如表8.2所示：城乡社区个体对社区应急知识宣教培训不清楚的比例是40.71%，城市社区不清楚社区应急知识宣教培训的占比达57.25%，农村社区不清楚社区应急知识宣教培训的占比达34.81%。

表8.2　城乡基层社区对应急培训的统计表

X/Y	一周一次	一月一次	一季度一次	一年一次	不清楚	没有
城市	11.38%	12.35%	9.41%	3.92%	57.25%	5.69%
农村	25.41%	22.11%	7.73%	4.97%	34.81%	4.97%
城乡	16.81%	21.24%	12.39%	3.54%	40.71%	5.31%

（2）基层应急管理的制度层问题

在基层应急管理的影响因素的实证研究中发现：基层社区安全制度是社区安全感的中层影响因素，基层社区安全制度越健全，基层社区个体安全感越高，基层应急管理效果越好。为了更好真实地反映重庆基层社区应急管理制度的问题，本书主要通过调查基层社区应急管理制度的健全程度、社区应急预案的健全程度、社区预案的演练情况、社区应急设备的保障等指标进行问题反馈。

基层社区应急管理制度的建设整体处在中间水平，认为农村地区的应急管理制度的健全性较高的比例高于城市社区的比例。第一，在对基层社区个体对目前所居住地的社区应急管理制度的健全程度的调查（分值越高表示越健全，越低则相反）中发现：最高的分值是3分，占比达33.21%，分值最低的1分，占比达7.84%，5分占比是20.77%，说明全市基层社区应急管理制度建设处在中间水平，还有提升的空间。具体如图8.2所示：

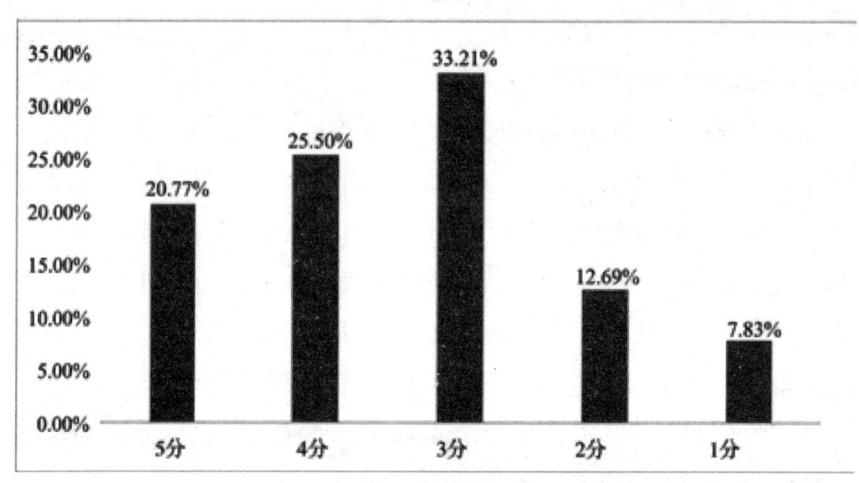

图8.2 关于基层社区应急管理制度健全程度的统计图

把基层社区应急管理制度的健全程度数据与社区类型进行交叉分析，具体得到数据如表8.3所示：发现农村社区个体对社区应急管理制度健全程度认为是5分的比例最高，达28.18%，占比高出城市9.55%。而城市社区个体、城乡边缘社区个体对社区应急管理制度健全程度一致认为是大部分处在3分的程度，分别是35.88%、34.51%。所以说，无论从整体看，还是分城乡看，基层社区应急管理制度的健全度都还不高，有待继续健全基层社区应急管理制度。

表8.3 城乡基层社区对应急管理制度的统计表

X/Y	5分	4分	3分	2分	1分
城市	18.63%	26.27%	35.88%	12.35%	6.87%
农村	28.18%	27.07%	24.86%	10.50%	9.39%
城乡	18.58%	19.47%	34.51%	17.70%	9.74%

第二，对社区个体对所居住地的社区应急预案健全程度的调查（分值

八、重庆基层应急管理的实践问题

越高表示越健全,越低则相反)的具体数据如图8.3所示:认为5分的占比是20.27%,认为3分的是最高占比,达33.58%,说明抽样社区个体对社区应急预案健全程度认知普遍是3分,处在中间水平,还需继续健全社区应急预案,提升社区应急预案的实用性、可操作性。

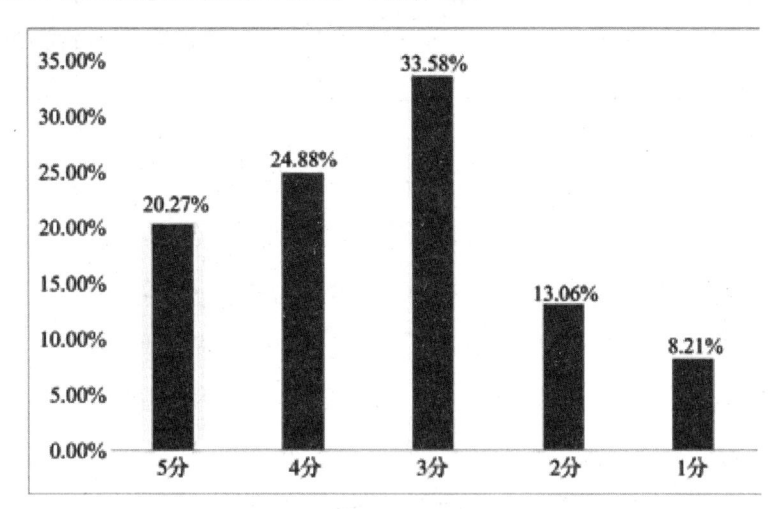

图8.3 关于基层社区应急预案健全程度的统计图

把基层社区应急预案健全程度数据与社区类型进行交叉分析,具体得到表8.4:发现农村社区个体对所居住地的社区应急预案健全程度的认知度最高,5分比例达27.07%、4分比例达27.07%,分别高出城市9.23%、1.58%。而城市社区个体、城乡边缘社区个体对所居住地的社区应急预案健全程度的认知整体处在3分的比例最高,分别是36.67%、37.17%。所以说,无论从整体看,还是分城乡看,社区应急预案的健全度都还不高,有待继续健全基层社区应急预案制度。

表8.4 城乡基层应急预案健全程度统计表

X/Y	5分	4分	3分	2分	1分
城市基层	17.84%	25.49%	36.67%	12.16%	7.84%
农村基层	27.07%	27.07%	22.65%	13.82%	9.39%
城乡边缘	20.35%	18.58%	37.17%	15.93%	7.97%

之所以农村地区的预案制度是5分的健全性比例高于城市社区,主要因为重庆市人民政府办公厅印发了《基层应急管理规范化建设标准(试

117

行）》，提出了重庆市要开展基层应急管理规范化建设，在对"应急队伍体系、监测预警体系、应急保障能力、应急预案、演练"等方面进行了规范化的制度要求，制定了基层应急管理的工作标准，并实施"基层应急管理规范化建设回头看工程"，进一步夯实了农村地区的各类制度的规范化建设，使得机构改革后，农村地区基层应急管理制度健全性不断提升，从而提高了重庆市农村地区应急管理制度建设的整体水平，甚者部分超过城市社区应急管理效果。

第三，基层社区应急预案演练整体处在中间水平。对社区个体对所居住地的社区应急预案演练程度进行调查（分值越高表示程度越高，越低则相反），具体数据如图8.4所示：调查对象普遍认为社区应急预案演练程度主要为3分，比例达29.73%，认为是5分的比例是17.79%，说明还需继续加大基层社区应急预案演练程度，通过演练，真正提升社区个体的自救互救能力。

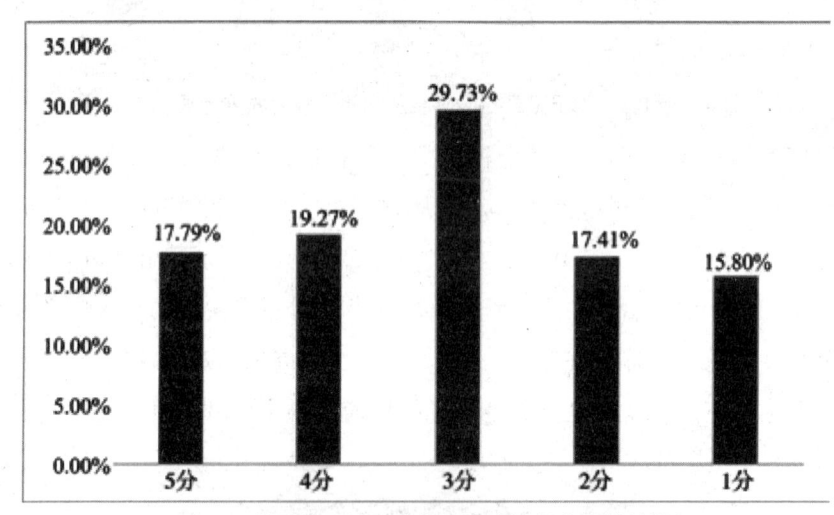

图8.4 关于基层社区应急预案演练程度的统计图

把社区个体对基层社区应急预案演练程度的统计数据与不同区域进行交叉分析，具体得到表8.5的数据：大都市区的社区个体、渝东南区域的社区个体、渝东北区域的社区个体一致认为：所属区域的社区应急预案演练程度主要是3分，比例分别达28.76%、31.52%、30.22%。从不同区域来看，全市社区个体对应急预案的演练程度普遍认知不高，不清楚基层社区应急预案演练程度占比达32.05%，所以还需继续提升基层社区应急预案的演练。

表8.5 城乡基层社区对应急预案演练程度的统计表

X/Y	5分	4分	3分	2分	1分
大都市区	20.13%	21.46%	28.76%	16.37%	13.28%
渝东南	16.30%	16.30%	31.52%	20.65%	15.23%
渝东北	15.93%	17.03%	30.22%	17.03%	19.79%
不清楚	10.26%	15.38%	32.05%	20.51%	21.80%

第四，社区应急设施配备保障处在中间水平。在对社区个体对社区应急设施配备情况的调查（分值越高表示配备越齐全，越低则相反）中发现：认为社区应急管理设施配备处在中间水平比例达31.97%，认为处在5分的比例达20.52%，具体数据如图8.5，由此得出需继续加大社区应急设备的配备。

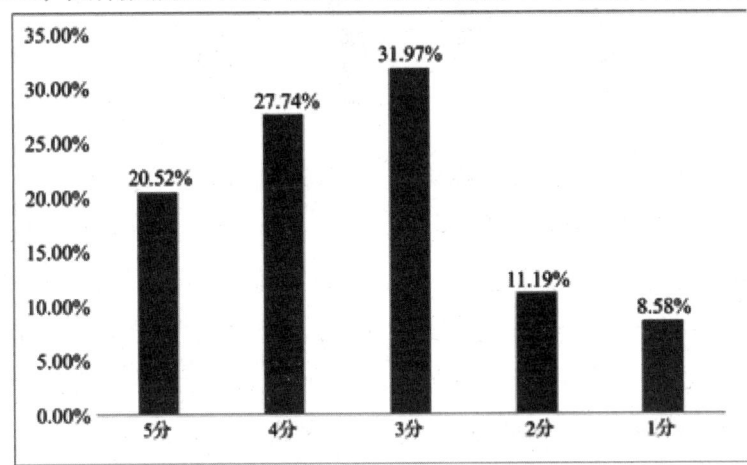

图8.5 关于基层社区应急设备保障的统计图

（3）基层应急管理的行为层问题

基层社区预防行为是基层社区安全感的外层影响因素，基层社区安全预防行为越好，越有利于保障基层社区安全感，基层应急管理效果越好。通过调查基层社区个体参与社区应急管理的积极性的行为表现，具体调查了基层社区个体参与社区应急志愿队伍的意愿性问题，结论是社区个体愿意参与社区应急治理的积极性处于中等水平，女性同志比男性同志更愿意参与社区应急管理志愿队伍，56岁以上的社区个体更愿意参与社区应急管理志愿队伍，农村地区的社区个体愿意参与社区公共安全的积极性在提高，社区治安满意度高的社区个体更愿意参与社区应急志愿队伍。具体分析如下。

第一，在对社区个体参与社区应急志愿队伍的意愿性的调查中（分值越高表示越愿意，越低则相反），得出具体如图8.6数据：其中5分比例最高，达37.19%，4分比例是27.99%，3分比例是24.88%，2分比例是6.09%。

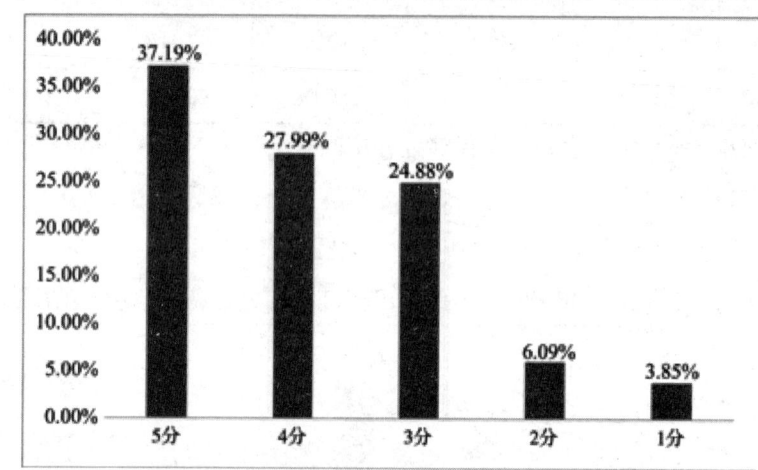

图8.6 关于基层社区个体参与应急志愿的统计图

第二，把基层社区个体参与应急意愿的数据与性别数据进行交叉分析，得到表8.6的统计数据，可以发现，女性同志5分意愿的占比是39.91%，男性同志5分意愿的占比是33.88%，女性同志5分意愿的占比比男性同志高6.03%，说明在社区中女性同志更愿意参与社区应急管理工作，但是无论是女性同志还是男性同志，5分意愿的占比都不是很高。

表8.6 基层社区不同性别个体参与应急志愿的统计表

X/Y	5分	4分	3分	2分	1分
男	33.88%	32.23%	23.14%	7.44%	3.31%
女	39.91%	24.49%	26.30%	4.99%	4.31%

第三，把社区个体参与社区应急意愿的统计数据与年龄进行交叉分析，可以得到表8.7数据，发现56岁以上的社区个体更愿意参与社区应急志愿队伍，占比达71.43%，可能因为这部分群体拥有更多的自由时间，为参与社区应急志愿队伍提供时间保障，而18岁以下的意愿较少，可能是因

为这部分群体主要是学生群体，平时忙于上学，没法保证参与社区应急志愿队伍的时间，而18~30岁和31~55岁两类社区个体，可能平时要上班，只能利用周末的时间参与社区应急志愿队伍，所以占比分别是31.82%和46.72%，占比处在中间的水平。

表8.7　基层社区不同年龄阶段个体参与应急志愿的统计表

X/Y	5分	4分	3分	2分	1分
18岁以下	50%	25%	25%	0	0
18~30岁	31.82%	30.36%	27.64%	6.73%	3.45%
31~55岁	46.72%	23.58%	20.09%	4.37%	5.24%
56岁以上	71.43%	14.29%	4.76%	9.52%	0

第四，农村地区的社区个体愿意参与社区应急志愿的积极性在提高。如果把社区个体参与社区应急志愿队伍意愿性的统计数据与社区类型进行交叉分析，可以得到表8.8数据，发现农村地区的社区个体更愿意参与社区应急志愿队伍，占比达47.51%，其次是城乡边缘社区个体，占比达46.02%，城市社区个体占比达31.57%。

表8.8　城乡基层社区个体参与社区应急志愿的统计表

X/Y	5分	4分	3分	2分	1分
城市基层	31.57%	29.02%	27.84%	7.06%	4.51%
农村基层	47.51%	27.62%	18.78%	4.42%	1.67%
城乡边缘	46.02%	23.89%	21.24%	4.42%	4.43%

第五，把关于社区治安满意度数据与社区个体意愿参与到社区应急意愿的统计数据进行交叉分析，可得表8.9数据，发现社区治安满意度高的社区个体愿意参与社区应急志愿的占比最高是74.75%，而社区治安满意度低的社区个体愿意参与社区应急志愿的占比是37.25%，可见，社区治安满意度高的社区个体更愿意参与社区应急管理工作，说明社区治安好离不开广大社区个体的参与和维护。故在实践中，还需要继续激励广大社区个体参与到社区应急管理的共建共治共享。

表8.9 社区治安满意度与社区应急志愿的统计表

X/Y	5分	4分	3分	2分	1分
5分	74.75%	9.09%	10.61%	2.53%	3.02%
4分	26.44%	48.28%	20.69%	3.07%	1.52%
3分	22.81%	24.56%	42.98%	6.14%	3.51%
2分	16.67%	30.30%	21.21%	27.27%	4.55%
1分	37.25%	9.80%	25.49%	7.84%	19.62%

5. 基层应急管理的技术问题

（1）社区应急管理技术措施认识具有差异性

基层社区预防行为是基层社区安全感的外层影响因素，基层社区安全预防行为越好，越有利于保障基层社区安全感，基层应急管理效果越好。通过调查发现，基层社区应急管理的技术问题直接影响基层应急管理预防措施的实施效果。不同年龄阶段的社区个体、不同性别的社区个体、不同收入的社区个体对社区应急管理预防措施的认知比例不一样，但是认知趋势一样：基层社区应急管理最先需要采取的预防措施是安装监控摄像设备。

第一，基层社区应急管理预防措施多样化特点。通过调查走访，发现基层社区的应急管理预防措施包括安装门禁系统、安装防火设施、安装防盗设施、管理人员守备、安装监控摄像、宣传防护等，通过对这些预防措施的必要性进行统计，发现最需要采取的预防措施是安装监控摄像措施，占比达73.13%，其次是安装防火设施，占比是67.66%，第三位是安装门禁系统，占比是59.33%，具体数据如表8.10所示。

表8.10 基层社区应急管理预防行为的统计表

预防行为	占比（%）	预防行为	占比
安装门禁系统	59.33%	安装监控摄像	73.13%
安装防火设施	67.66%	宣传防护	48.13%
安装防盗设施	45.77%	其他	7.21%
管理人员蹲守	57.46%	不清楚	7.96%

第二，从年龄段分析：不同年龄阶段的社区个体普遍认为安装监控

摄像是各类社区应急管理最需要采取的技术措施。依据表8.11，发现18岁以下阶段的社区个体认为社区最需要采取的社区安全防护措施是安装门禁系统、安装防火设施、安装监控摄像，占比都是75%。18～30岁阶段的社区个体认为社区最需要采取的社区安全防护措施是安装监控摄像，占比是71.45%，其次是安装防火设施，占比是68.73%；再次是门禁系统，占比是62.73%。31～55岁的社区个体认为社区最需要采取的社区安全防护措施是安装监控摄像，占比是75.55%；其次是安装防火设施，占比是66.81%，再次是管理人员蹲守，占比是60.26%。56岁以上的社区个体认为社区最需要采取的社区安全防护措施是安装监控摄像，占比高达90.48%，其次是宣传防护，占比是66.67%，再次是安装防火设施。可见不同年龄阶段，虽然对社区最需要采取的预防措施认知比例不一样，但是普遍认为安装监控摄像是各类社区应急管理最需要采取的技术措施。故需在实践中，应继续加大对基层社区公共区域监控摄像的安装，确保基层社区风险、不稳定因素、隐患等及时得到监测识别，把问题在萌芽状态解决。

表8.11 不同年龄个体对基层社区应急管理预防行为需要程度的统计表

X/Y	门禁系统	防火设施	防盗设施	管理人员蹲守	安装监控摄像	宣传防护	不清楚	其他
18岁以下	75%	75%	25%	25%	75%	0	0	25%
18～30岁	62.73%	68.73%	48%	57.09%	71.45%	46%	9.82%	6.73%
31～55岁	55.02%	66.81%	41.92%	60.26%	75.55%	52.40%	4.37%	7.86%
56岁以上	14.29%	47.62%	33.33%	42.86%	90.48%	66.67%	0	9.52%

第三，从性别角度的分析：不同性别的社区个体均普遍认为安装监控摄像是各类社区应急管理最需要采取的技术措施。把社区最需要采取的社区安全防护技术措施统计数据与性别进行交叉分析，得到表8.12，发现：女性同志和男性同志都认为社区最需要社区的采取安全防护措施是安装监控摄像，占比分别是73.47%、72.73%，对其他预防措施的认知比例具体如表8.12所示，女性同志认为社区需要安装门禁系统的占比是59.18%，社区需要防火设施的比例达67.57%，社区需要防盗设施的占比是43.99%，需要

管理人员蹲守的占比是55.10%，需要宣传防护的占比是45.58%。男性同志认为社区需要安装门禁系统的占比是59.5%，社区需要防火设施的占比是67.77%，防盗设施需要的比例是47.93%，需要管理人员蹲守的占比是60.33%，社区需要宣传防护措施的占比是51.24%。可见，虽然男女同志对社区安装门禁系统、防火设施、防盗设施、管理人员蹲守、安装监控摄像、宣传防护等预防措施的认知比例不一样，但是认知的整体趋势是一致的：普遍认为都需要，认知比例都接近50%，甚者高于50%。

表8.12 不同性别个体对基层社区应急管理预防行为需要程度的统计表

X/Y	门禁系统	防火设施	防盗设施	管理人员蹲守	安装监控摄像	宣传防护	不清楚	其他
男	59.50%	67.77%	47.93%	60.33%	72.73%	51.24%	7.16%	7.44%
女	59.18%	67.57%	43.99%	55.10%	73.47%	45.58%	8.62%	7.03%

第四，从收入角度的分析：不同收入层次的基层社区个体普遍认为安装监控摄像是各类基层社区最需要采取的技术防控措施。把社区最需要采取的社区安全防护措施的统计数据与收入进行交叉分析，得到表8.13，发现无论是低收入群体，还是高收入群体，都认为社区最需要采取的社区安全防护措施是安装监控摄像，只是不同收入群体，对预防措施的具体认知比例有差异，具体差异如表8.13所示。收入1800元以下的收入群体，认为基层社区最需要的技术措施是安装监控摄像，占比是66.99%；其次是安装防火设施，占比是56.31%；再次是安装门禁系统和管理人员蹲守，占比是48.54%。收入是1800～2400元的社区个体，认为基层社区最需要采取的技术措施是安装监控摄像，占比是74.63%。收入是2401-3001元的社区个体，认为基层社区最需要的技术措施是安装监控摄像，占比是71.79%，其次是安装防火设施，占比是60.26%。收入是3002-3602元社区个体，认为基层社区最需要采取的技术措施是安装防火设施，占比是68.63%，其次是安装监控摄像，占比是66.01%。收入是3603～4203元社区个体，认为基层社区最需要采取的技术措施是安装监控摄像，占比是79.31%，其次是安装防火设施，占比是66.67%。收入是4204～4804元社区个体，认为基层社区最需要

采取的技术措施是安装防火设施,占比是78.13%,其次是安装监控摄像,占比是70.31%。收入是4805～5405元社区个体,认为基层社区最需要采取的技术措施是安装监控摄像,占比是78.67%,其次是安装门禁系统,占比是73.33%。收入是5406元社区个体,认为基层社区最需要的技术措施是安装监控摄像,占比是78.53%,其次是安装防火设施,占比是77.97%。

表8.13 不同收入阶段个体对基层社区应急管理预防行为需要程度的统计表

X\Y	门禁系统	防火设施	防盗设施	管理人员蹲守	安装监控摄像	宣传防护	不清楚	其他
1800元以下	48.54%	56.31%	42.72%	48.54%	66.99%	46.60%	13.59%	8.74%
1800-2400元	32.84%	53.73%	34.33%	46.27%	74.63%	70.15%	2.99%	8.96%
2401-3001元	52.56%	60.26%	42.31%	52.56%	71.79%	48.72%	7.69%	11.54%
3002-3602元	59.48%	68.63%	49.67%	56.21%	66.01%	37.91%	9.15%	9.15%
3603-4203元	58.62%	66.67%	40.23%	55.17%	79.31%	47.13%	5.75%	2.30%
4204-4804元	67.19%	78.13%	51.56%	56.25%	70.31%	50%	9.38%	7.81%
4805-5405元	73.33%	69.33%	50.67%	62.67%	78.67%	38.67%	6.67%	6.67%
5406元以上	70.06%	77.97%	48.59%	69.49%	78.53%	53.11%	6.78%	4.52%

(2)社区风险的监测、预警预报存在的问题

整体来讲,社区风险存在监测不及时、预警预报不及时、管理人员风险信息告知不及时、监测预警预报信息不准确等问题,在不同类型的社区中,这些问题的反馈也具有差异,城市社区面临最突出的问题是管理人员风险告知不及时,农村社区最突出的问题是社区公共安全风险监测不及时,城乡边缘社区最突出的问题是社区公共安全风险预警预报不及时。具体分析如下。

在对基层社区风险的监测、预警预报的问卷统计中,发现主要存在的问题有基层社区安全风险的监测不及时、社区安全风险的预警预报不及时、基层社区风险信息报告不及时、基层社区风险监测预警信息不准确等方面。从整体来看,反映最突出的问题是基层社区风险信息报告不及时,占比达56.84%,具体数据如表8.14所示。

8.14 基层社区监测预警存在问题的统计表

问题	小计	比例
基层社区风险监测不及时	425	52.86%
基层社区风险预警预报不及时	454	56.47%
基层社区风险信息报告不及时	457	56.84%
基层社区风险监测预警信息不准确	384	47.76%
其他	176	21.89%

把基层社区监测预警存在问题的数据与社区类型进行交叉分析，可得到表8.15数据，发现城市社区在监测预警方面存在最突出的问题是管理人员风险信息告知不及时，有61.96%的社区个体这样认为；其次是基层社区风险预警预报不及时，占比是59.61%，再次是基层社区风险监测不及时，占比达55.49%；城市社区监测预警预报信息不准确的占比是49.02%；其他方面的问题占比是18.04%。城市社区监测预警存在问题的排序之所以这样出现，可能是因为2018年、2019年重庆主城区的部分社区采取了智能监测的措施，通过安装人脸识别门禁系统、人车微卡口以及在社区关键路口、公共区域安装了摄像头等，使得安装智能监测设备的小区可以及时发现和监测社区公共安全风险。而在农村地区，智能监测设备还未得到普及，使得农村社区在社区风险的监测、预警预报存在问题，最突出的问题是社区风险的监测不及时，占比达到46.96%，其次是农村社区风险的预警预报不及时，占比达45.86%。而城乡边缘的社区个体普遍认为在社区风险的监测、预警预报存在问题中最突出的问题是社区风险的预警预报不及时，占比达59.29%。

表8.15 关于城乡社区个体对基层社区监测预警存在问题的统计

X/Y	基层社区风险监测不及时	基层社区风险预警预报不及时	基层社区风险信息报告不及时	基层社区风险监测预警信息不准确	其他
城市基层社区	55.49%	59.61%	61.96%	49.02%	18.04%
农村基层社区	46.96%	45.86%	45.30%	41.44%	29.28%
城乡边缘	50.44%	59.29%	52.21%	52.21%	27.43%

（3）基层社区风险数据收集方式单一且数据共享不充分

在实际调研走访中，发现农村地区的社区风险信息的收集主要靠入户调查、入户走访等人力活动，且大部分农村社区的社区风险数据资源库尚未建立，限制了农村社区安全数据收集的及时性、全面性，进而影响农村社区安全数据收集的质量，制约了农村社区应急管理政策的制定。而城市社区、校园社区、企业社区、园区社区不同程度有一定的安全数据资源库或平台，且不同程度参与了重庆市风险管理信息系统的填报，但是这些社区风险信息质量、数据共享技术等存在不足。主要原因表现在三个方面：第一，基层社区风险数据涉及的职能部门、行业部门多，对应建立了风险数据信息系统，并延伸到了城市社区、农村社区、校园社区、企业社区、园区社区，但这些职能部门、业务部门的风险评估方法、方式不统一，加之基层社区风险采集标准与社区衔接不够，兼容性、可操可控性不强，使得已搜集的基层社区风险数据质量令人担忧。第二，跨部门、跨行业的风险数据共享机制还处在探索阶段，风险数据没有得到充分的整合和加工，使得涉及的职能部门的风险数据纵向共通不充分，行业部门横向共享不足，造成公共安全信息资源浪费。第三，基层社区风险数据的收集、处理技术滞后于实践的需求。基层社区建立了各类社区风险信息数据，但采集信息的手段的智能化、现代化有待提升，同时受人手、数据处理技术等限制，这些收集到的社区风险"元数据"的清洗、过滤、转换等技术不成熟，导致风险数据处理的整合性、技术性、科学性不够，以及社区风险数据的安全保密问题、数据安全问题尚未充分解决，使得社区风险数据在监测、预警、形势研判等方面的作用发挥受限，无疑增加了采集基层社区风险"元数据"信息的成本。

九、提升基层应急管理的对策建议

（一）在意识上建立基层社区应急管理的预防文化

基层社区应急管理需要源头化、风险处置需要前置化已经成为基层社区应急管理的主流趋势，为了更好地适应此趋势，可从基层社区预防工作抓起，就是做好城市社区、农村社区、企业社区、园区社区、校园社区等社区应急管理的预防工作。但通过前面的分析，发现基层社区个体的意识、认识等方面存在一定不足：社区干部的风险认识和社区个体的参与认识有待于进一步提高。对于社区干部而言，由于对社区风险认识不高，影响了对基层社区应急管理的预防、监测预警等工作的开展；对于社区个体的参与认识有待于进一步提高，主要表现在需要提高基层社区个体参与应急准备的主动性和把风险认识转化到指导个体的实践，从而保证基层社区个体在面对社区突发事件时，具备一定的自救互救及避险能力。在第七部分"重庆基层应急管理影响因素的实证检验"中，发现基层社区安全意识是基层社区安全感的内层影响因素，社区安全意识越高，基层社区个体安全感越高，基层应急管理效果越好，故认为首先需要在意识上，建立基层社区应急管理的预防文化。

1. 量身设计基层社区应急知识宣教培训的方式方法

在对基层社区个体希望的社区应急知识学习方式的调查发现，一是从整体来看，社区个体最愿意接受的宣教培训方式是利用新媒体（微信、微博、直播平台等），占比是75.12%；其次是通过演练、模拟的方式进行社区公共安全知识的宣教培训，占比是67.41%；具体统计情况如表9.1所示。

表9.1 关于基层社区个体愿意接受的应急知识宣教培训方式的统计表

选项	比例
传统媒体（电视、报纸等）	54.85%
新媒体（微信、微博、直播平台等）	75.12%
专题讲座	47.26%
演练、模拟	67.41%
其他（社区广播、小区公告栏等）	38.93%

故在实践中，建议多采取新媒体（微信、微博、直播平台等）、演练、模拟的方式进行社区应急知识的宣讲培训。在本书第七部分中发现个体的年龄、月收入、家庭安全年度支出、社区居住年限、社区房子性质等控制变量对基层社区应急管理有影响，故在选择宣教培训方式的时候，要考虑不同年龄阶段、不同性别、不同入住年限等因素，差异化采取基层社区应急知识的宣教培训方式。

二是从年龄来看，不同年龄阶段的社区个体对希望的社区应急知识宣教培训方式不一样，如表9.2所示：

表9.2 关于基层社区不同年龄个体愿意接受的应急知识宣教培训方式的统计表

X/Y	传统媒体（电视、报纸等）	新媒体（微信、微博、直播平台等）	专题讲座	演练、模拟	其他（社区广播、小区公告栏等）
18岁以下	75%	75%	75%	50%	25%
18~30岁	52.73%	77.82%	46.36%	66.91%	36.00%
31~55岁	58.52%	69.00%	48.03%	69.87%	43.67%
56岁以上	66.67%	71.43%	57.14%	57.14%	66.67%

依据表9.2发现：18岁以下的社区个体，愿意接受的应急知识宣教培训方式分别是传统媒体、新媒体（微信、微博、直播平台等）、专题讲座，占比均为75%。18~30岁的社区个体，最愿意接受的应急知识宣教培训方式是新媒体（微信、微博、直播平台等），占比是77.82%，其次是模拟演练的宣讲培训方式，占比是66.91%。31~55岁的社区个体，最愿意接受的应急知识宣教培训方式是模拟演练的宣讲培训方式，占比达69.87%，其次

是新媒体（微信、微博、直播平台等），占比是69%。56岁以上的社区个体，最愿意接受的应急知识宣教培训方式是新媒体（微信、微博、直播平台等），占比达71.43%，其次分别是传统媒体、其他（社区广播、小区公告栏），占比均是66.67%，在具体组织社区公共安全知识的宣教培训，要根据上述不同年龄阶段的喜好有针对性地采取应急知识的宣教培训方式，提升基层应急知识宣教培训的针对性。

三是从性别来看，不同性别的社区个体对希望的应急知识宣教培训方式不一样，如表9.3所示：男性同志、女性同志最愿意接受的应急知识宣教培训方式都是新媒体（微信、微博、直播平台等），占比分别达75.21%、77.82%，在第七部分还发现个体性别、政治面貌、职业等对基层社区应急管理没有差异，故建议是在实际操作中在选择基层社区应急管理知识的宣教培训中可以忽略性别这个因素。

表9.3 关于基层社区不同性别个体愿意接受的应急知识宣教培训方式的统计表

X/Y	传统媒体（电视、报纸等）	新媒体（微信、微博、直播平台等）	专题讲座	演练、模拟	其他（社区广播、小区公告栏等）
男	58.95%	75.21%	46.28%	61.43%	38.02%
女	52.73%	77.82%	46.36%	66.91%	36.00%

四是从入住年限来看，依据表9.4看出，入住25年以下的社区个体，最愿意接受的社区应急知识宣教培训方式是新媒体（微信、微博、直播平台等），按照占比从高到低分别占比是80.00%、79.55%、76.5%、74.07%、73.83%，其次是模拟、演练，按照占比从高到低分别占比是71%、70.37%、70.00%、63.64%、63.09%。而入住25年以上的社区个体，最愿意接受的社区应急知识宣教培训方式是利用传统媒体（电视、报纸等），占比是74.58%，其次才是新媒体（微信、微博、直播平台等）占比是71.19%。故建议在实践组织社区应急知识宣讲培训的时候，对入住25年以上的社区个体多采用传统媒体（电视、报纸等）和新媒体（微信、微博、直播平台等方式方法；对入住25年以内的社区个体采用社区应急知识宣教培训方式首选的是新媒体（微信、微博、直播平台等）和模拟、演练。

表9.4 关于不同入住年限社区个体愿意接受的应急知识宣教培训方式的统计表

X/Y	传统媒体（电视、报纸等）	新媒体（微信、微博、直播平台等）	专题讲座	演练、模拟	其他（社区广播、小区公告栏等）
5年以下	51.75%	76.50%	48.25%	71.00%	35.25%
5~10年	49.66%	73.83%	40.94%	63.09%	38.26%
10.1~15年	55.56%	74.07%	45.68%	70.37%	50.62%
15.1~20年	68.18%	79.55%	43.18%	63.64%	34.09%
20.1~25年	60.00%	80.00%	47.50%	70.00%	30.00%
25.1年以上	74.58%	71.19%	69.49%	64.41%	50.85%
不清楚	54.84%	61.29%	32.26%	41.94%	54.84%

2.精准查找基层社区应急知识的宣教培训需求

通过问卷调查发现，基层社区应急知识宣教培训需求有居家安全知识、自救互救技能、公共区域安全防范知识、社会安全知识、网络安全知识、自然灾害的防范知识、取快递安全知识等，具体每一项需求程度如表9.5所示：基层社区个体居家安全应急知识的宣教培训需求占比是77.36%，基层社区个体社会安全应急知识的宣教培训需求占比是68.28%，基层社区个体网络安全应急知识的宣教培训需求占比是65.42%，基层社区个体取快递安全应急知识的宣教培训需求占比是48.63%，基层社区个体公共安全防范应急知识的宣教培训需求占比是69.40%，基层社区个体自然灾害的应急防范知识的宣教培训需求占比是62.31%，基层社区个体自救互救应急知识宣教培训需求占比是69.65%。建议基层社区应急知识培训应最先满足基层社区个体居家安全应急知识的宣教培训需求，其次是自救互救应急知识的宣教培训需求，再次是公共安全防范应急知识，然后是社会安全应急知识，同时精准定位基层社区应急知识的宣教培训需求，还需要考虑社区个体性别、社区个体的年龄情况、社区房子性质等因素。

表9.5 关于基层社区应急知识宣教培训需求的统计情况表

选项	比例
居家安全应急知识	77.36%
社会安全应急知识	68.28%
网络安全应急知识	65.42%
取快递安全应急知识	48.63%
公共安全防范应急知识	69.40%
自然灾害的应急防范知识	62.31%
自救互救应急知识	69.65%
其他	10.07%

一是从性别来看，男性同志认为基层社区应急知识宣讲培训最紧急的需求是居家安全知识，占比达76.03%，其次是公共区域的安全防范知识，占比达71.90%，第三是社会安全知识，占比是69.97%。女性同志认为社区应急知识宣讲培训最紧急的需求是居家安全知识，占比达78.46%，这一比例比男性同志高，其次是自救互救技能，占比是73.92%，第三是网络安全应急知识，占比达68.03%，其具体数据情况如表9.6所示。建议在对基层社区应急知识宣教培训的时候，可依据社区居住个体男女比例，有机组合社区应急知识的培训内容。

表9.6 关于不同性别对基层社区应急知识宣教培训需求的统计情况表

X/Y	居家安全应急知识	社会安全应急知识	网络安全应急知识	取快递安全应急知识	公共安全防范应急知识	自然灾害的应急防范知识	自救互救应急知识	其他
男	76.03%	69.97%	62.26%	45.18%	71.90%	57.58%	64.46%	9.37%
女	78.46%	66.89%	68.03%	51.47%	67.35%	66.21%	73.92%	10.66%

二是从年龄来看，通过统计不同年龄对基层社区应急知识宣教培训需求，得到表9.7数据：发现18岁以下的社区个体认为基层社区应急知识宣教培训最紧急的需求是居家安全应急知识，占比是100%，其次是网络安全应急知识、公共安全防范应急知识、自救互救应急知识，占比都是75%。18岁~30岁的社区个体认为社区应急知识宣讲培训最紧急的需求是居家安

全知识，占比达76.55%，其次是公共安全防范应急知识，占比是68%，第三是社会安全知识，占比是67.82%。31～55岁的社区个体认为基层社区应急知识宣讲培训最紧急的需求是居家安全应急知识，占比达77.73%，其次是自救互救技能，占比是73.80%，第三是公共安全防范应急知识，占比是72.05%。56岁以上社区个体认为社区应急安全知识宣教培训最紧急的需求是居家安全知识，占比达90.48%，此项需求在所有关于居家安全知识需求占比中排名第二。其次，该群体对网络安全知识、公共区域安全防范知识、自然灾害的防范知识、自救互救技能的需求程度一样。建议在进行基层社区应急知识宣教培训时要考虑不同年龄阶段的应急知识需求，故在具体设计社区应急知识培训内容时，可依据社区居住个体不同年龄阶段的应急安全需求特点，精准设计培训内容，有针对性地开展培训。

表9.7 关于不同年龄个体对基层社区应急知识宣教培训需求的统计情况表

X/Y	居家安全应急知识	社会安全应急知识	网络安全应急知识	取快递安全应急知识	公共安全防范应急知识	自然灾害的应急防范知识	自救互救应急知识	其他
18岁以下	100%	50%	75%	50%	75%	50%	75%	50%
18～30岁	76.55%	67.82%	65.64%	51.45%	68%	60.73%	67.64%	9.64%
31～55岁	77.73%	69.43%	63.76%	41.92%	72.05%	65.07%	73.80%	10.48%
56岁以上	90.48%	71.43%	76.19%	47.62%	76.19%	76.19%	76.19%	9.52%

三是从社区房子性质来看，发现不同社区房子性质，对社区应急知识宣教培训的需求具有差异性，具体差异数据如表9.8所示，社区房子如果是以单位家属区为主要性质，宣教培训的亟须内容是公共安全防护应急知识，需求占比是73.33%；社区房子如果是商品房，宣教培训最先考虑的内容是居家安全应急知识，需求占比是82.40%；社区房子如果是拆迁安置房，宣教培训最先考虑的内容是公共安全防范应急知识和网络安全应急知识，占比均是72.50%；社区如果是集资建房，宣教培训的亟须内容是社会安全知识，占比是93.75%；社区如果是自建房，宣教培训的亟须内容是居家安全知识，需求占比是78.95%。故在具体设计社区公共安全培训内容

时，可依据社区居住房子性质，精准设计培训内容。

表9.8 关于不同社区房子性质与社区应急知识宣教培训需求的统计情况表

X/Y	居家安全应急知识	社会安全应急知识	网络安全应急知识	取快递安全应急知识	公共安全防范应急知识	自然灾害的应急防范知识	自救互救应急知识	其他
单位家属区	72%	69.33%	58.67%	48%	73.33%	58.67%	69.33%	8%
商品房	82.40%	71.17%	66.33%	50%	69.90%	63.52%	71.94%	8.16%
拆迁安置房	62.5%	70%	72.5%	40%	72.5%	55%	62.5%	5%
集资建房	81.25%	93.75%	56.25%	43.75%	87.5%	43.75%	75%	12.5%
自建房	78.95%	59.65%	67.54%	43.86%	66.67%	69.30%	68.42%	13.16%
不清楚	65.33%	61.33%	57.33%	52%	61.33%	60%	57.33%	13.33%
其他	73.91%	66.30%	69.57%	51.09%	69.57%	59.78%	73.91%	15.22%

3. 选择恰当的社区应急知识宣教培训时间

通过对社区个体更倾向何时进行社区应急知识的宣教培训调查，得到表9.9数据，发现基层社区个体认为社区应急知识宣教培训时间应是工作日的占比是26.24%；社区个体认为社区应急知识宣教培训时间应是周末时间的占比是53.98%；社区个体认为社区应急知识宣教培训时间应是节日时间的占比是10.45%，其他占比是9.33%，综上看出，社区个体倾向的社区应急知识宣教培训的时间是周末时间，故在实践工作中，在对不同类型的基层社区进行应急知识的宣教培训时，在更多考虑周末时间。

表9.9 关于基层社区应急知识宣教培训时间的统计情况表

培训时间	比例
工作日	26.24%
周末时间	53.98%
节日	10.45%
其他	9.33%

一是从性别来看，不同性别对基层社区应急知识宣教培训时间具有差异性，依据表9.10可知：男性认为基层社区应急知识宣教培训时间需要安排在工作日的占比26.17%，安排在周末时间的占比是57.85%，安排在节

日的占比是8.82%，其他时间段的占比是7.16%。女性认为基层社区应急知识宣教培训时间需要安排在工作日的占比是26.30%，50.79%的基层社区个体认为基层社区应急知识宣教培训需安排在周末时间，11.79%的基层社区个体认为基层社区应急知识宣教培训需安排在节日时间。故在实际工作中，根据基层社区应急工作人员性别比例情况，按照选择基层社区应急知识宣教培训时间。

9.10 关于不同性别对基层社区应急知识宣教培训时间的统计情况表

X/Y	工作日	周末时间	节日	其他
男	26.17%	57.85%	8.82%	7.16%
女	26.30%	50.79%	11.79%	11.12%

二是从年龄来看，不同年龄阶段认为基层社区应急知识宣教培训时间具有差异性，具体表现如下：18岁以下的社区个人认为基层社区应急知识宣教培训时间需安排在工作日的占比是25.00%，该年龄阶段的社区个人有50.00%的认为基层社区应急知识宣教培训时间需安排在周末时间。在18~30岁的社区个人调查中，有54.55%的人认为社区应急知识宣教培训时间应该安排在周末时间，有25.45%的人认为基层社区应急管理知识宣教培训安排在工作日。在31~55岁的社区个体调查中，有55.46%的人认为社区应急知识宣教培训时间应该安排在周末时间，有25.33%的人认为基层社区应急管理知识宣教培训应安排在工作日。56岁以上的社区个体认为，基层社区应急知识宣教培训时间应该选择在工作日的占比是57.14%，在周末时间的占比是23.81%。故在基层社区应急知识宣教培训中，应考虑不同年龄阶段对其培训时间的需求，最大化发挥基层应急管理知识宣教培训的效果。

表9.11 关于不同年龄对基层社区应急知识宣教培训时间的统计情况表

X/Y	工作日	周末时间	节日	其他
18岁以下	25%	50%	0%	25%
18~30岁	25.45%	54.55%	10.55%	9.45%
31~55岁	25.33%	55.46%	10.48%	8.73%
56岁以上	57.14%	23.81%	9.52%	9.52%

三是从教育程度来看，依据表9.12可知，教育程度在小学以下的社区个体认为，基层社区应急知识宣教培训时间是在工作日的占比是50%，这部分个体因学历不高，没有固定工作，时间安排相对灵活，故多数选择在工作日开展基层社区应急知识的宣教培训。对于小学学历群体，有50%的社区个体认为基层社区应急知识需安排在周末进行。对于初中学历群体，有47.73%的社区个体认为基层社区应急知识需安排在工作日，对于高中学历群体，有34.21%的社区个体认为基层社区应急知识需安排在工作日，39.47%的社区个体认为基层社区应急知识需安排在周末时间。对于大专学历群体，有41.57%的社区个体认为基层社区应急知识宣教培训需安排在周末时间，有38.20%的社区个体认为基层社区应急知识宣教培训需安排在工作日。对于本科学历群体，有57.92%的社区个体认为基层社区应急知识宣教培训需安排在周末时间，有24.26%的社区个体认为基层社区应急知识宣教培训需安排在工作日。对于研究生及其以上学历群体，有60.18%的社区个体认为基层社区应急知识宣教培训需安排在周末时间，有19.46%的社区个体认为基层社区应急知识宣教培训需安排在工作日。故在组织社区应急知识的宣教培训时，需考虑不同教育程度对基层社区应急知识宣教的时间安排的倾向，协调好培训时间与社区个体需求时间的关系，保证社区应急知识宣教培训的质量和效果。

表9.12 关于不同教育程度对基层社区应急知识宣教培训时间的统计情况表

X/Y	工作日	周末时间	节日	其他
不识字或很少识字	50%	25%	25%	0%
小学	0%	50%	25%	25%
初中	47.73%	27.27%	15.91%	9.09%
高中（中专、中师、技校等）	34.21%	39.47%	7.89%	18.43%
大专	38.20%	41.57%	11.24%	8.99%
本科	24.26%	57.92%	8.66%	9.16%
研究生及其以上	19.46%	60.18%	12.22%	8.14%

（二）在制度上细化基层社区应急管理的制度体系

1. 健全城市型社区应急管理制度

（1）健全城市老旧社区的安全制度

一方面，健全社区安全治理的动员体系，做到巧治。充分调动社区网格员、社区志愿者、社区干部、社区爱心人士等社会力量参与社区安全隐患和风险的排查，绘制城市老旧社区风险地图，营造"自己人发现自身风险，自己主动解决身边风险"的良好风尚。另一方面，创新社区安全治理方式，做到根治。精准查找社区安全治理中的症结，量身设计社区安全治理提升方案。在操作上就是梳理查找老旧社区安全基础设施差、社区大修基金金额不足原因，对于经费不足的老旧社区可引入社会化资本进行改造；对于基础设施建设滞后的可利用现代技术进行改进。

（2）细化城市社区非常态化应急管理制度，提升社区风险防控的协同性

需细化社区常态化安全管理和应急管理动态衔接的社区安全治理制度，如城市社区的临时沟通协调制度，具体表现为在城市社区突发事件应急处置中，需把街道社区纳入突发事件指挥部，授权街道社区可参与突发事件的应急决策和调查评估等工作。细化城市社区应急联动制度。联合住建、城管、应急等多部门出台细化重大灾害事件预防处理和紧急救援联动社区层面的保障制度及政策，强化城市社区应急联动救援的成效。

2. 健全农村型社区应急管理制度

（1）健全农村社区应急队伍体系

以"五有八化"为基层农村社区应急管理的准则，在各乡镇（街道）、村（社区）设置应急管理机构，形成多层级应急救援网络体系；为农村社区各应急机构配置应急管理人员和救援队伍，并配备应急救援物资和装备，可借鉴萍乡的实践经验：组建应急管理所，规范设置；按照"十个一"标准：一套应急管理制度、一本安全生产监管台账、一张辖区风险隐患分布平面图、一组应急管理基本情况数据库、一支网格化应急管理队伍、一册重点危险源情况表、一份多（乡镇、街道）应急总预案、一幅应急救援力量分布图、一部向社会公开的监督举报和应急救援电话、一个规

范统一的标志标识，抓好基层应急管理工作。

（2）优化农村社区应急信息的流通机制

一方面，建立完善信息报送机制。各乡镇、村（社区）一旦出现紧急事件，迅速报告指挥中心，由指挥中心向主要领导和分管领导汇报，同时协调救援队伍前往救援，并及时向上级应急部门汇报最新动态。另一方面，建立智能化的信息流通系统，可实现网络电话一键呼叫乡镇、村（社区）网络应急人员，确保村（社区）负责人员信息畅通，随时听从指挥中心调度，为救援队伍赢得宝贵的时间。

（3）落实基层应急物资储备，确保应急事件发生后物资保障到位

建立健全农村社区应急保障部门联动和社会参与机制，在多灾易灾乡镇、村（社区）建设救灾物资储备库，实现应急物资靠前部署、下沉部署，通过智能系统，统计、归档各救灾物资储备库的救援物资详细信息，还提供检索功能一键搜索，便于邻近应急机构共建、共享救援物资，实现救援物资有序调度、快速运输、高效配送、精确溯源，提高重特大灾害情况下应急物资的快速通达能力。研究制定基层应急物资储备和装备配备标准及管理办法，推动乡镇、村（社区）与邻近超市、企业等合作开展应急物资协议储备。

（4）加强农村社区应急避难场所建设，因地制宜开展实战演练

利用公园、广场、学校等已有设施，扩建、新建应急避难场所，以满足辖区内居民紧急避险和临时安置等需求。在应急避难场所、关键路口等位置，设置应急标志或指示牌，张贴应急疏散路线图，方便村民快速抵达。进一步修订完善农村社区各类应急预案，并定期开展实战演练活动，验证农村社区处置应对自然灾害、突发事故的能力和水平，检验各部门与属地镇街协同作战能力，积累应急救援实战经验。

3. 健全园区型社区应急管理制度

以2020年2月26日中共中央办公厅、国务院办公厅印发的《关于全面加强危险化学品安全生产工作的意见》为政策指导，细化重庆化工园区系列制度。

（1）细化安全风险管控制度

以《化工园区安全风险排查治理导则（试行）》和《危险化学品企业安全风险隐患排查治理导则》等相关制度为政策指导，具体细化危化安全生产巡查制度、事故隐患治理和重大危险源监控制度、"两单两卡"制度、安全生产责任和考核制度、安全生产一企一档和告知承诺制度、安全生产工作会议制度、事故报告处理和应急管理制度、安全生产宣传和教育培训制度等，通过这些制度，确保危险企业可及时发现危化企业在重大危险源、老旧装置、产业转移等方面的风险隐患，为后续应急管理工作提供精准的风险防控信息。

（2）健全提升本质安全水平的制度

对化工园区建立"十有"制度：有规划体系制度、管理机构人员制度、实训制度、信息化平台制度、消防管理制度、封闭化制度、危化品停车管理制度、安全控制线制度等，提升化工园区企业的本质安全水平。

（3）健全信息化智能化管控制度

在硬件上，建立化工园区的智能化风险管控平台，可试点在长寿化工园区、涪陵白涛化工园区、万州盐气化工园区建立化工园区安全风险智能化管控平台、危化品企业安全风险智能化管控平台，实现危化品的智能化管控；在软件上，建立危化品登记综合服务系统、风险监测预警系统、双重预防机制数字化系统，可实现分类建立危险化学品的风险数据库和信息管理系统，实现危险化学品的精准化风险排查评估功能。

4. 健全企业型社区应急管理制度

（1）建立企业安全生产标准化制度

贯彻落实国家、行业、重庆市关于标准化工作的法律、法规、政策、方针，全面推动企业安全生产标准化工作，建立健全以技术标准为主体核心，以安全生产管理标准为支持，以工作标准为保障的企业安全生产标准化体系，实现企业生产各要素标准化、生产各环节标准化、生产全过程标准化，从源头上杜绝安全违规操作的侥幸心理和侥幸行为。

（2）建立企业安全文化制度

企业安全文化是最有效的应急管理制度，故本书建议在企业型社区建立具有科学性、持续性的企业安全文化制度体系，该制度体系包括：建立安全生产责任制度，明确企业领导层、管理层、车间、班组和岗位安全生产责任，并逐级签订《安全生产责任书》，在企业营造良好的安全责任氛围；建立全员参与安全文化创建制度，通过让一线员工参与"两单两卡"，全过程参与企业岗位风险清单、岗位责任清单、操作规程卡和应急处置卡的创建工作，让企业一线岗位从业人员"知风险、明职责、会操作、能应急"，从源头上增强一线员工的安全生产意识和责任；建立安全文化宣传教育培训制度，通过利用传统媒体与新兴媒体等媒介手段，采用演讲、展览、征文、书画、文艺汇演等形式，定期组织安全文化的宣传教育培训，并及时总结反馈安全宣传教育的问题，不断提升企业的安全文化宣传教育质量。

5. 健全校园型社区应急管理制度

（1）健全完善校园型社区应急预案制度

确保校园型社区如遇突发事件，可实现科学应急救援，最大化维护广大师生安全，做到"人民至上，生命至上"。在具体操作上就是编制幼儿园、小学、中学、高中、大学等校园型社区应急预案，根据幼儿园、小学、中学、高中、大学等校园型社区现状，精准梳理查找各类校园型社区风险现状、承载载体、应急资源、应急社会力量等情况，编制具有操作性、实用性的校园应急预案。

（2）健全完善校园型社区宣传教育制度

优化校园型社区应急宣传教育方式和内容，在具体操作上就是依据幼儿园、小学、中学、高中、大学的学生特点，有针对性地制作安全宣传教育警示片，促使各类学生对应急知识的入脑入心，提升幼儿园、小学、中学、高中、大学等师生的自救互救技能和知识水平。

（三）在行为上提升基层社区应急管理的预防行为

1. 建设智慧型的应急社区

从整体看，在对社区个体入住智慧社区的统计情况中，发现约65.3%

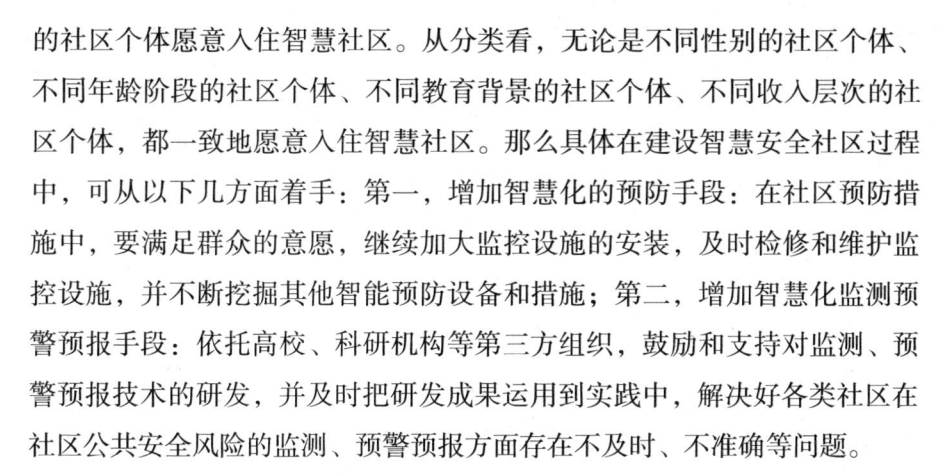

的社区个体愿意入住智慧社区。从分类看，无论是不同性别的社区个体、不同年龄阶段的社区个体、不同教育背景的社区个体、不同收入层次的社区个体，都一致地愿意入住智慧社区。那么具体在建设智慧安全社区过程中，可从以下几方面着手：第一，增加智慧化的预防手段：在社区预防措施中，要满足群众的意愿，继续加大监控设施的安装，及时检修和维护监控设施，并不断挖掘其他智能预防设备和措施；第二，增加智慧化监测预警预报手段：依托高校、科研机构等第三方组织，鼓励和支持对监测、预警预报技术的研发，并及时把研发成果运用到实践中，解决好各类社区在社区公共安全风险的监测、预警预报方面存在不及时、不准确等问题。

2. 提升社区应急数据的质量

依托大数据的感知化、物联化、智能化等特点，利用云计算、互联网、地理信息系统、遥感等现代化技术，建立社区行业类公共安全信息收集平台，如食品安全行业收集平台、交通安全行业收集平台、消防抢险行业收集平台、安全生产行业收集平台、环境保护行业收集平台，并且平台内保证数据收集的质量和时效性，平台间实现基础元数据的共享。

3. 提升社区应急数据的转化运用

依据应急管理部要"建立灾情报告系统并统一发布灾情，统筹应急力量建设和物资储备并在救灾时统一调度"的要求，细化不同类型社区公共安全信息的共享机制，囊括灾情报告、发布、调度等，确保信息共享。在实践中，可通过与研究机构、企业合作，创新公共安全数据处理技术，并对已有的处理技术进行普及宣传，提高公共安全数据的转化利用率，充分发挥公共安全数据的监测预警预报作用。具体可借鉴四川成都的实践经验：通过依靠第三方机构（成都高新减灾研究所）研发地震监测技术，通过加大预警技术研发力度，助力社区地震风险的监测，根据监测数据，精准采取防控措施。

（四）在主体上拓宽基层社区应急管理的多元化

基层社区应急管理主体涉及政府、企业、社会等多类主体，可谓是多主体、全方位、多层次、宽领域，故应该激发社区各类主体的智慧和积极性，提高基层社区应急管理的效能。在这个过程中，特别需要重视社会组织参与基层社区应急管理的问题，结合2022年11月3日应急管理部、中央文明办、民政部、共青团中央印发的《关于进一步推进社会应急力量健康发展的意见》（应急〔2022〕110号）（以下简称《意见》）最新精神，具体可从如下几方面努力。

1. 优化注册登记，提升社会组织参与应急管理服务的可选性

（1）整合业务主管单位，明晰审核标准

一方面，业务主管单位由多部门整合为几个或一个部门。可尝试把应急、团委等多个业务主管部门的业务整合为防灾减灾救灾大类，按照《意见》的最新精神，民政部门会同应急管理部门依法依规做好有关应急管理类社会组织的登记管理工作；应急管理部门履行业务主管单位或者行业管理部门职责，按照符合登记标准条件、符合本地区应急管理需要的原则，规范工作程序，完善审查标准，支持相关社会组织依法成立，解决应急管理类社会组织因业务主管单位"推诿扯皮"而不能完成注册的问题；另一方面，明晰社会组织参与应急管理服务的各类标准，在操作上可由应急管理部和应急管理类社会组织共同制定社会组织参与应急管理服务的行业标准、工作流程、权责义务等名目，让社会组织参与应急管理服务时不仅知道自身面临的"门槛"和需具备的资质，而且有清晰的发展目标、路径。

（2）探索建立城乡社区应急志愿者网络体系

细化城乡社区应急志愿者参与应急管理服务的支持政策。应急管理部门、民政部门等要结合重庆市实际情况，对购买社会组织参与应急管理服务的标准、补偿标准、补偿条件、补偿方式等进行细化，最大限度吸引城乡社区应急志愿者参与应急管理服务，解除各类城乡社区应急志愿者参与应急管理服务的后顾之忧。

2. 完善培训制度，提升社会组织参与应急管理服务的专业性

第一，广疏社会组织培训渠道，探索建立社会应急力量与国家综合性消防救援队伍、专业救援队伍等共享共用训练资源和联合开展培训演练的工作机制。通过定期开展应急知识培训，让应急管理类社会组织进高校院

所、培训基地、研究中心进行知识、技能培训，可借鉴德国做法，设立专门的社会组织参与应急管理服务的培训机构，通过各种专业培训，确保社会组织具备相应的防灾知识，尤其是综合减灾示范社区创建的相关专业知识，为社会组织参与创建工作奠定专业基础。还可借鉴浙江社会应急力量与政府共享共用训练资源和联合开展培训演练的工作机制，不断提升应急管理类社会组织协助政府应急管理服务的能力。

第二，创建特色品牌，提升应急管理服务的专业能力。设立孵化项目，对想作为、能作为、有作为的应急管理类社会组织可以在业务、资金等方面进行孵化，提升社会组织参与应急管理服务的核心竞争力、社会影响力，创建社会组织参与应急管理服务的地方特色品牌。通过实践演练强化应急管理类社会组织预案编制、灾害风险地图绘制、避灾安置功能地图绘制等减灾技术，确保社会组织参与应急管理服务在防灾减灾救灾等方面的能力。

3.推广信息系统，提升社会组织参与应急管理服务的信息化

（1）推广社会力量参与应急管理服务信息化的运用

一方面，推广社会应急力量救援协调系统系统，规范涉及的业务部门、社会组织及时、准确登记信息，扩充系统的基础信息，解决好应急管理类社会组织缺乏档案管理问题，消除数据信息使用壁垒，让数据在政府、社会组织、研究机构之间"流通"，提升数据的使用率、共享率；另一方面，丰富防灾减灾救灾信息的发布渠道，可开通固定电话、手机App等，让各种防灾减灾救灾需求信息"及时寻找帮手"，为科学调度、有序协调社会组织参与防灾减灾救灾提供准确信息。

（2）强化社会组织参与应急管理服务的联动协调平台

通过对社会组织参与汶川地震、芦山地震、九寨沟地震及"温比亚"台风山东洪涝灾害救灾活动梳理，探索社会组织参与应急管理服务的成功经验：在救灾时，需成立协作平台，有效发挥出社会组织参与救灾的最大作用。故可以借鉴上述成功经验，并结合《意见》中规范救援行动政策导向，在发生重特大灾害时，相关应急管理部门会同有关部门，成立社会组

织参与应急管理服务协作平台，保证社会组织参与应急管理服务具有统一"出入口"，协调平台管理由政府和社会组织调派人员共同完成，且要与救灾指挥部保持信息联动，做好社会组织信息和救灾需求信息的最佳匹配，确保每次参与实现精准匹配。

4. 细化激励政策，提升社会组织参与应急管理服务的积极性

按照马斯洛需求理论，人的需求具有层次性。可推导出：社会组织参与应急管理服务的目的和需求同样具有多元化和层次性。有效满足社会组织参与应急管理服务的目的和需求，有利于提升社会组织参与应急管理服务的质效。

（1）整合激励政策，提升服务水平

可借鉴深圳先进做法，尝试从"薪酬体系、岗位设置、激励政策、物资保障"等多方面整合社会组织参与应急管理服务的政策体系，并保障激励政策的衔接性，形成激励政策合力，解除社会组织参与应急管理服务保障方面的后顾之忧。具体表现为在制定激励政策的过程中，可多联系相关部门参与激励政策的制定和论证，解决激励政策"打架"现象。

（2）着眼社会组织参与应急管理服务的动机和需求，丰富激励手段和方式，量化激励标准

深入挖掘社会组织参与应急管理服务的动机、目的、需求，并进行细化，根据这些动机、目的、需求丰富社会组织参与应急管理服务的激励手段。可立足于《意见》中正向激励政策导向，一方面，根据社会组织参与应急管理服务的目的和需求，明确社会组织参与的激励内容和范围是在应急准备、应急救援等方面；对社会组织参与应急管理服务过程中出现的有效方式、方法、模式等经验，以及社会组织参与应急管理服务过程中，产生的先进个人、典型模范等成绩，通过道德模范、应急管理系统先进集体和个人、最美志愿者和最佳志愿者服务组织、先进社会组织、青年岗位能手等荣誉表彰进行宣传推广，并扩大激励效果运用范围，可适当延伸至工作考核、学习考核中，充分发挥正激励作用；另一方面，丰富激励方式，量化激励标准。对于参与应急管理服务中出现违纪行为或产生不良社会影

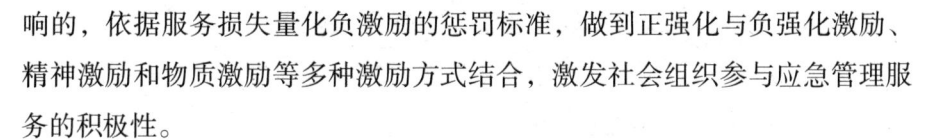

响的，依据服务损失量化负激励的惩罚标准，做到正强化与负强化激励、精神激励和物质激励等多种激励方式结合，激发社会组织参与应急管理服务的积极性。

5. 优化精细管理，提升社会组织参与应急管理服务的稳定性

（1）查找应急管理类社会组织成员流失的原因，根据原因"对症下药"

现实中志愿者流失的主要原因包括：志愿活动的时间安排与潜在志愿者期待的安排相左、缺乏对志愿者必要的回报、缺乏适当的培训与管理、对他们的时间要求不合适、缺乏个人成就感等。具体可从如下几方面着手解决：第一，了解志愿者动机，满足动机。有些志愿者参与防灾减灾救灾等应急管理服务的动机主要是以下几种：为了满足精神追求，为了完成社会使命，实现自身价值，也有的是为了进行知识学习，使得自己的心理得到完善等。要根据志愿者不同的目的，提供完成参与应急管理服务的获得感。第二，着手于必要的管理细节。可实行志愿者的谈心制度，让志愿者了解自身在社会组织中的角色和发展；充分信任志愿者，让其感觉到自身很被社会需要。

（2）保障应急管理服务类社会组织发展的宏观环境

深入应急管理类社会组织进行调研，摸清应急管理类社会组织成员的各种后顾之忧，量身设计解决其后顾之忧的各种政策，解决好城乡社区应急社会力量的各种参与的后顾之忧，其中对于上班族、大学生担心问题的解决可借鉴美国、法国等做法，为其参与应急管理服务提供交通补贴、住房补贴，通过志愿服务获得奖学金。

（3）提升队伍管理的规范性

统一应急管理类社会组织队伍在应急值班备勤、训练演练、预案制定以及人员、标志、行动管理的细则、规范、制度，尤其是在队伍在招募进入和退出环节，设计科学的志愿者的"门槛"进入制度，甄选具备一定意愿和技能、知识的志愿者进入应急管理类社会组织进行防灾减灾救灾活动，做好应急管理类社会组织的系统管理、科学管理。

（五）在方式上优化基层社区应急管理的方式方法

国家组建应急管理部的要求之一就是要整合优化应急力量和资源，在实践中城市社区、农村社区、校园社区、企业社区、园区社区的社区安全项目较分散，存在"各自为政、碰撞抗衡"。故需探索最大化调动政府、社会、社区力量的途径，以及如何整合好社区安全项目。

1. 统筹协调社区安全项目的建设任务

在实践中需结合各区域、各社区安全实际情况，有重点有差异地规划布局和整合社区安全项目，实现项目布置上的差异化；区县级政府按照上级的要求，结合区县实际，对社区安全项目的建设方案、考核验收标准等进行梳理，并在有效整合各部门项目后统筹下达到镇街；镇街根据下达到所属区域内的安全项目，在建设实施过程中，加强与职能部门协调沟通，切实解决存在的问题。区县相关职能部门要根据自己所安排的安全项目，深入镇街和社区加强帮扶指导，给予相应的支持，确保项目落地、发挥实效。

2. 提高社区应急管理的综合协调能力

"统一指挥、专常兼备、反应灵敏、上下联动中国特色应急管理体制"对应急管理相关部门的职责整合提出更高要求，而现实中社区应急管理涉及行业、部门多，需解决好职能部门的综合协调、业务部门的纵向沟通问题。同时，按照"关口前移、重心下沉"和事权与责权相统一的原则，区县政府、职能部门和镇街要切实将所属人财物向社区延伸和充实，并配合镇街与社区的工作，实现社区应急管理工作有人抓、有人管，满足基本的物质技术支撑条件。镇街要加强对社区的督促，通过法制、责任义务教育等，使服务对象认同并主动参与社区安全工作；加强与相关职能部门的协调，给社区以足够的业务指导，及时处理社区反映的各类安全问题，做到不诿事不诿责。

3. 提升基层社区基础设施的韧性

提升各类社区的基础设施等设防水平，切实增强全社会抵御灾害的韧性能力，是社区应急管理有序健康发展的有效保障。建设韧性社区是增强全社会抵御灾害能力有效着力点。韧性社区是指当社区出现风险时，社区

的基础设施具备维持力、恢复力、转型力,并及时进行修复。可从以下三方面着手提升重庆社区韧性:

(1)增强技术韧性,保证社区的维持力

要增强城市社区、农村社区、企业社区、园区社区、校园社区等基础设施的技术韧性,保证社区具备一定的维持力。如在增强洪涝基础设施韧性建设方面,可借鉴荷兰自动升降防洪堤坝的做法,主要原理是因水动力驱动即可自动升降的防洪堤坝,把防洪堤坝垂直植入地下,当水位升高时,水动力会抬升超轻材料制成的坝体并高出地面,最高可达80cm,随着水位回落,堤坝也将自动缩回地下,这种做法既经济又环保,在应对洪水时,让防洪堤坝具有一定的韧性。

(2)增强社会韧性,保证社区的恢复力

社区恢复力主要保证各类社区在面临各类风险时,社区内的政府部门、社区个体可以从容面对,具备一定恢复力。要想实现此目标,要求城市社区、农村社区、企业社区、园区社区、校园社区等各类主体自觉遵守《兵库行动框架》的指导原则。《兵库行动框架》于2005年在第二届世界减灾大会上获得通过,一直以来就是国家制定政策和国际组织减少自然灾害损失行动的指导原则。此框架综合规定了国家、地区和国际组织的角色,并呼吁公民社会、学术界、志愿者组织和私营企业联合起来,共同参与减灾。一方面,社区内的政府部门要提高组织能力建设,保证政府把减灾放到重要位置上,为落实减灾提供强大的组织基础,通过土地使用规划,减少潜在的风险因素,辨别、评估并监督减灾行动以改善早期预警机制,加强灾害应对准备,有效、全面地应对灾害;另一方面,要求社区内的个体不断提高对安全和灾后复原力的认识。

(3)增强政府韧性,保证社区的转型力

完成此目标,要以《2015—2030年仙台减轻灾害风险框架》(以下简称《框架》)为指导原则,各类社区要以《框架》制定的四大优先行动事项为指导,具体可从如下几方面着手:第一,要了解城市社区、农村社区、企业社区、园区社区、校园社区的灾害风险。第二,加强城市社区、农村社区、企业社区、园区社区、校园社区的灾害风险治理，并管理灾害风险。第三，对城市社区、农村社区、企业社区、园区社区、校园社区进行减灾投资，构建抗灾力。第四，加强城市社区、农村社区、企业社区、园区社区、校园社区的备灾工作，并在恢复、复原和重建中致力于社区"重建得更好"，保证到2030年，通过重庆各类社区的努力，为实现《框架》的七大目标即：减少全球灾难死亡率、减少受影响的民众人数、减少灾害给关键基础设施带来损失及对基本服务的干扰、增加获得多灾预警系统和减灾信息和评估机会等贡献力量。

参考文献

一、专著类

[1] [美] 斯蒂芬·戈德史密斯. 网络化治理：公共部门的新形态 [M]. 孙迎春译. 北京：北京大学出版社，2008.

[2] 高红. 社区社会组织与城市基层合作治理 [M]. 北京：人民出版社，2016.

[3] 闪淳昌，薛澜. 应急管理概论 [M]. 北京：高等教育出版社，2017.

[4] 孙建平. 城市安全风险防控概论 [M]. 上海：同济大学出版社，2018.

[5] 中央党校党建部. 基层党建工作手册 [M]. 北京：人民出版社，2018.

[6] 习近平. 习近平谈治国理政（第一、二、三卷）[M]. 北京：外文出版社，2017/2018/2020.

[7] 莱斯特·萨拉蒙. 全球公民社会：非营利部门视角 [M]. 贾西津等译. 北京：社会科学文献出版社，2007.

[8] 王名. 社会组织论纲 [M]. 北京：社会科学文献出版社，2013：85-90.

[9] 王义保，许超，曹明. 中国城市公共安全感调查报告（2018）[M]. 北京：社会科学文献出版社，2020.

[10] 王义保，许超，曹明. 中国城市公共安全感调查报告（2019）[M]. 北京：社会科学文献出版社，2020.

[11] 公安部公共安全研究所. 你感觉安全吗——公众安全感基本理论及调查方法 [M]. 北京：群言出版社，1991.

[12] 莱斯特·M·萨拉蒙. 全球公民社会：非营利组织部门视界 [M].

北京.社会科学文献出版社，2002，63.

[13] 习近平.决胜全面建成小康社会夺取新时代中国特色社会主义伟大胜利——在中国共产党第十九次全国代表大会上的报告［M］.北京：人民出版社，2016.

[14] 马克思恩格斯全集（第一卷）［M］.北京：人民出版社，1995.

[15] 滕五晓，加藤孝明，小出治.日本灾害对策体制［M］.中国建筑工业出版社，2003.

[16] 王名，王超.非营利组织管理［M］.北京：中国人民大学出版社，2015.

[17] 邹东升，包倩宇，贺知菲.危机应对情境下的社会治理法治化［M］.北京：中国商务出版社，2022.

[18] 唐钧.社会稳定风险评估与管理［M］.北京：北京大学出版社，2022.

[19] 王宏伟.应急管理新论［M］.北京：中国人民大学出版社，2020.

[20] 刘伯奎.突发事件社区化解［M］.北京：中共中央党校出版社，2010.

[21] 薛澜，张强，钟开斌.危机管理——转型期中国面临的挑战［M］.北京：清华大学出版社，2006.

[22] 胡惠林.国家文化安全学［M］.北京：清华大学出版社，2016.

[23] 万希平."互联网+"时代网络文化安全研究［M］.天津：天津人民出版社，2016.

[24] 张凤山.基于风险为核心的安全文化建设实践［M］.北京：石油工业出版社，2016.

[25] 滕五晓.社区安全治理：理论与实务［M］.上海：上海三联书店，2014.

[26] 邹东升，陈思诗.新时代党建引领基层社会治理［M］.北京：中国民主法制出版社，2021.

[27] 风笑天.社会研究方法［M］.北京：中国人民大学出版社，2018.

［28］王浦劬，［美］莱斯特·M. 萨拉蒙. 政府向社会组织购买公共服务研究中国与全球经验分析［M］. 北京：北京大学出版社，2016.

［29］张向前. 中国特色社会组织发展战略研究［M］. 北京：经济日报出版社，2019.

［30］邹东升，包倩宇. 城市治理现代化中的社会治理创新研究［M］. 北京：中国社会科学出版社，2021.

［31］吕拉昌等. 首都城市公共安全风险及其治理［M］. 北京：经济管理出版社，2018.

［32］［德］乌尔里希·贝克著，何博闻译. 风险社会［M］. 南京：译林出版社，2004.

［33］中共中央党校（国家行政学院）应急管理培训中心.《应急管理典型案例研究报告（2018）［M］. 北京：社会科学文献出版社，2018.

［34］童星，张海波. 风险灾害危机研究（第十一辑）［M］. 北京：社会科学文献出版社，2020.

［35］张小明，董幼鸿，逯惠艳. 突发事件风险管理［M］. 北京：中国人民大学出版社，2021.

二、期刊类

［1］陈成文，蒋勇，黄娟. 应急管理：国外模式及其启示［J］. 甘肃社会科学，2010，（5）.

［2］宋劲松. 英国基层应急管理组织模式研究［J］. 行政管理改革，2011，（2）.

［3］唐桂娟. 美国应急管理全社区模式：策略、路径与经验［J］. 学术交流，2015，（4）.

［4］岳静. 城市社区应急管理现状分析与对策研究［J］. 理论建设，2013，（6）.

［5］张华文，陈国华，颜伟文. 城市社区应急文化体系构建研究［J］. 灾害学，2008（4）.

［6］梁建春，莫映宽，熊健敏.基层政府应急管理的现状调查与分析［J］.武汉理工大学学报（社会科学版）》，2014（2）.

［7］李菲菲，庞素琳.基于治理理论视角的我国社区应急管理建设模式分析［J］.管理评论，2015（2）.

［8］陶鹏，童星.中国基层政府应急疏散行为模式：基于多案例比较分析［J］.中国地质大学学报（社会科学版）》，2014（4）.

［9］吴晓涛，杨桂英，程书波，姚军玲，金英淑.城市社区应急准备研究评述及展望［J］.河南理工大学学报（社会科学版），2013，（1）.

［10］张海波.社区在公共安全管理中的角色整合与能力建设［J］.社会主义研究，2011（06）.

［11］刘万振，陈兴立.社区应急能力建设的现状分析与路径选择——重庆市社区应急能力建设的调查与思考［J］.行政法学研究，2011（03）.

［12］陶方林.政府应急信息发布的基本原则与传播策略［J］.情报探索，2011（12）.

［13］曹海林，陈玉清.我国灾害应急管理信息沟通的现实困境及其应对［J］.电子科技大学学报（社科版），2011（12）.

［14］罗文进，王小锋.安全感概念界定、形成过程和改善途径［J］.江苏警官学院学报，2012，（5）.

［15］赵玲，王松华，王晓楠.以城市脆弱性因素为基础的公众安全感评价研究［J］.杭州师范大学学报（社会科学版），2014（2）.

［16］汪伟全，赖天.社区居民安全感影响因素的实证研究——基于上海的调查［J］.长白学刊，2020（6）.

［17］仓平，严文斌，袁珏.公众安全感影响因素模型的构建与研究［J］.南京财经大学学报，2011（3）.

［18］王娟.公众安全感指标体系的构建与评价方法研究——以社会治安秩序为视角［J］.政法学刊，2009（5）.

［19］尉建文，阮明阳.中国城市居民安全感的实证研究［J］.北京工业大

学学报（社科科学版），2011，（6）.

[20] 刘朝捷. 试论公众安全感指标调查［J］. 武汉公安干部学院学报，2009（3）.

[21] 张玉春. 北京市居民安全感指数的编制［J］. 首都经济贸易大学学报，2007（2）.

[22] 梁乃文，王小燕，侯振挺，许青松. 湖南省公众安全感调查问卷及其与信度和效度分析［J］. 数理统计与管理，2012，31（6）.

[23] 王逸帅. 合作治理：危机事件中政府与社会组织新型关系的构建——以汶川地震危机应对实践为例［J］. 湖北社会科学，2012（12）.

[24] 张勤，钱洁. 促进社会组织参与公共危机治理的路径探析［J］. 中国行政管理，2010（06）.

[25] 孔娜娜，王超兴. 社会组织参与突发事件治理的边界及其实现：基于类型和阶段的分析［J］. 社会主义研究，2016（4）.

[26] 王兴广，韩传峰，田萃，徐松鹤. 社会组织参与区域合作治理进化博弈模型［J］. 中国人口·资源与环境，2017（8）.

[27] 程德慧. 公共政策防范现代危机的社会组织支持分析［J］. 求实，2014（10）.

[28] 王逸帅. 合作治理：危机事件中政府与社会组织新型关系的构建——以汶川地震危机应对实践为例［J］. 湖北社会科学，2012（12）.

[29] 赵成根. 发达国家大城市危机管理中的社会参与机制［J］. 北京行政学院学报，2006（4）.

[30] 金华. 我国公共危机治理的挑战与回应——社会组织参与的视角［J］. 甘肃社会科学，2019（4）.

[31] 谢菊. 应急文化视阈下的社会组织研究［J］. 新视野，2011（3）.

[32] 贺璇，王冰. 中国突发事件应急治理的变迁与成长——构建政府-社会-市场三维互动框架［J］. 学习与实践，2014（11）.

[33] 邢宇宙. 协同治理视角下我国社会组织参与灾害救援的实现机制

[J].行政管理改革，2017（8）.

[34]白书祥，杜旭宇.宏观社会资本在突发事件应急管理中作用的缺失及对策——基于社会组织和社会参与的分析[J].探索，2011（02）.

[35]王义.提升青岛市社会组织参与应急管理效能研究[J].中共青岛市委党校青岛行政学院学报，2013（06）.

[36]董幼鸿.社会组织参与城市公共安全风险治理的困境与优化路径-以上海联合减灾与应急管理促进中心为例[J].上海师范大学学报（哲学社会科学版），2018（4）.

[37]共青团华东师范大学委员会.青年志愿者活动机制之中西比较[J].思想理论教育，2004（7）.

[38]文国峰.日本民间非营利组织：法律框架、制度改革和发展趋势-"日本NPO法律制度研修"考察报告[J].学会，2006（1）.

[39]凌学武.德国应急救援中的志愿者体系的特点与启示[J].四川行政学院学报，2009（6）.

[40]闪淳昌.增强忧患意识 全面提升综合防灾减灾救灾能力[J].中国减灾，2021（01），12-15.

[41]姚天雨，安超，刘纪昭.试论城市安全文化的若干基本问题[J].武汉公安干部学院学报，2009（3）：63-65.

[42]钟开斌.新时代基层应急管理体系建设：为何与何为[J].中国减灾，2020（09），18-21.

[43]高小平，刘一弘.中国共产党的风险治理：百年回溯与理论思考[J].学海，2021（03），29-38.

[44]季乃礼，许晓.以社区为依托的城市公共安全治理研究[J].理论学刊，2020（2）：43-52.

[45]汪伟全，赖天.社区居民安全感影响因素的实证研究——基于上海的调查[J].长白学刊，2020（6）：69-77.

[46]范维澄，翁文国，张志.国家公共安全和应急管理科技支撑体系建设的思考和建议[J].中国应急管理，2008（4）.

[47] 童星，张海波.基于中国问题的灾害管理分析框架［J］.中国社会科学，2010（1）.

[48] 唐钧.社会公共安全风险防控机制困境剖析和集成建议［J］.中国行政管理，2018（1）.

[49] 祝建华，风笑天.积极型社会公共安全体系的构建：经验借鉴与治理创新［J］.中国青年社会科学，2019（1）.

[50] 陈思.算法治理：智能社会技术异化的风险及应对［J］.湖北大学学报（哲学社会科学版），2020（1）.

[51] 闪淳昌，周玲，钟开斌.对我国应急管理机制建设的总体思考［J］.国家行政学院学报，2011（1）.

[52] 童星，张海波.基于中国问题的灾害管理分析框架［J］.中国社会科学，2010（1）.

[53] 李雪峰.以机构改革为契机，构建公共安全治理新格局［J］.行政管理改革，2018（7）.

[54] 贾楠，郭旦怀，陈永强，刘奕.面向社区风险防范的大数据平台理论架构设计［J］.清华大学学报（自然科学版），2019（2）.

[55] 陈思.算法治理：智能社会技术异化的风险及应对［J］.湖北大学学报（哲学社会科学版），2020（1）.

[56] 唐钧.社会公共安全风险防控的困境与对策［J］.教学与研究，2017（10）.

[57] 范如国."全球风险社会"治理：复杂性范式与中国参与［J］.中国社会科学，2017（2）.

[58] 吴晓林.城中之城：超大社区的空间生产与治理风险［J］.中国行政管理，2018（9）.

[59] 陈毅，阚淑锦.党建引领社区治理：三种类型的分析及其优化—基于上海市的调查［J］探索，2019（6）.

[60] 钟开斌.重大风险防范化解能力：一个过程性框架［J］.中国行政管理，2019（12）.

[61]张勤,艾小燕.志愿服务在重大突发事件中的应急联动新探索[J].中国行政理,2020(10).

[62]刘厚金.基层党建引领社区治理的作用机制——以集体行动的逻辑为分析框架[J].社会科学,2020(6).

[63]李颖,孙雪.社区治理的"互联网+"模式构建[J].中共山西省直机关党校学报,2016(01).

[64]孙雪.社会燃烧理论与城市安全的优化路径分析[J].领导科学,2018(32).

[65]孙雪.重庆社会组织参与应急管理服务的困境与路径[J].重庆行政(公共论坛),2018(05).

[66]孙雪.新时代新乡贤化解农村矛盾和风险的机理、经验与提升——以重庆市永川区新乡贤为例[J].重庆行政,2019(03).

[67]孙雪,孙宗国.重庆市公共安全治理的实践新困境与优化路径[J].重庆行政,2021(01).

[68]孙雪.党建引领社区公共安全治理的经验、困境与提升路径[J].重庆行政,2021(22).

[69]张青,李晨,黄智莉.基层应急管理体制机制改革的汕尾探索[J].中国应急管理科学,2022(11).

[70]陆继锋,杨洋.我国基层政权应急管理能力建设问题与应对之策[J].陕西行政学院学报,2022(04).

[71]林雪花,顾令爽.基层应急管理能力建设的问题与对策——以焦作市为例[J].国际公关,2022(21).

[72]霍君叶.基层社会治理与应急管理应对研究[J].国际公关,2022(21).

[73]谢琳,吴昊宇.四川:探索创新基层应急管理能力建设[J].中国减灾,2022(21).

[74]王久平.基层应急管理执法现状调查分析与建议[J].中国应急管理,2022(10).

[75] 赵宁,韩冰欣,丁杨.重塑重构应急管理体系 提升基层应急管理和安全生产能力水平[J].行政科学论坛,2022(08).

[76] 王海京.我国基层应急管理的现状、问题与对策[J].中国应急管理科学,2022(07).

[77] 程万里.提升基层应急管理能力的实施困境与路径选择[J].人民论坛,2022(08).

[78] 梁海燕.社会治理视域下提升基层应急管理能力的路径研究[J].兰州石化职业技术学院学报,2022(01).

[79] 牟冬青.加强基层应急能力建设 提升综合管理水平[J].中国管理信息化,2022(06).

[80] 邱茜,聂玉霞.农村基层党组织在应急危机管理中的领导效能提升研究——以L村疫情防控为例[J].泰山学院学报,2022(01).

[81] 张国玉.基层应急管理关键要增强组织力[J].中国党政干部论坛,2022(01).

[82] 黄心如.应急管理视阈下基层社区治理机制与引导策略研究[J].国际公关,2022(15).

[83] 周小寒,王兴,刘润增.美国社区应急管理经验对我国的启示[J].安全,2022(06).

[84] 熊竞.超大城市基层应急治理现代化路径研究——以上海市浦东新区为例[J].上海城市管理,2022(01).

[85] 王双燕.习近平关于推进应急管理体系和能力现代化重要论述的核心要义与思维逻辑[J].中国应急管理科学,2022(08).

[86] 李牧,董明皓.论基层应急法治能力提升的三重向度[J].学术交流,2022(09).

[87] 杜兴军.我国城市社区应急管理能力提升策略探究[J].城市与减灾,2022(03).

[88] 郭哲名,杨思华.基层应急体系建设方案设计与实践探索[J].劳动保护,2022(10).

［89］肖来朋，徐涛.顶层设计出政策 系统推进有措施——陕西省加强基层应急管理体系和能力建设记事［J］.中国应急管理，2023（01）.

［90］包博博.提升基层公务员应急管理能力研究［J］.办公室业务，2023（02）.

［91］伍晓茜，胡一俊.基层应急管理标准化体系建设与思考［J］.中国标准化，2023（02）.

［92］徐文标，刘向伟."枫桥经验"在应急管理领域的应用——浙江绍兴基层实践调查［J］.中国应急管理，2023（01）.

［93］马宝成.加强基层应急管理能力建设 筑牢公共安全人民防线［J］.中国减灾，2023（01）.

三、报纸类

［1］《应急管理关键在基层（专访）》［N］.《人民日报》，2007-08-09.

［2］国务院办公厅.国务院办公厅关于加强基层应急管理工作的意见［N］.人民日报，2007-08-08（006）.

［3］顾春，潘俊强，李昌禹.国务院办公厅关于加强基层应急管理工作的意见［N］.人民日报，2021-10-29（004）.

［4］邱超奕.充分发挥我国应急管理体系特色和优势［N］.人民日报，2021-11-09（007）.

［5］邱超奕.落细落实应急联动机制［N］.人民日报，2021-08-14（004）.

［6］邱超奕.构建中国特色大国应急管理体系迈出坚实步伐［N］.人民日报，2021-05-13（007）.

［7］富强.加强基层应急管理能力建设 筑牢第一道防线［N］.中国应急管理报，2023-03-10（001）.

［8］何永丽.陕西铜川大抓基层应急管理体系和能力提升［N］.中国应急管理报，2023-02-07（001）.

［9］李超超，王英衡.统一设立村级专职应急管理员［N］.中国应急管理报，2022-12-17（001）.

［10］徐涛，张赛飞.陕西实现1338个基层应急管理机构全覆盖［N］.中国应急管理报，2022-11-07（001）.

［11］郭义伟，王天强."双主任"强化应急指挥 一个"中心"快速处置［N］.中国应急管理报，2022-08-06（002）.

［12］周一睿，陈龙.江西铜鼓县永宁镇 探索形成"2+2+3+4"基层应急管理模式［N］.中国应急管理报，2022-07-28（002）.

［13］郭义伟，黄中行.持续推进提升基层应急管理能力的"兰考实验"［N］.中国应急管理报，2022-07-28（001）.

［14］罗地生.应急管理大厦"基层基础如何夯实？［N］.中国应急管理报，2021-12-17（002）.

［15］徐涛.确保基层应急管理工作只能加强不得削弱［N］.中国应急管理报，2021-11-18（001）.

［16］邵旭东.党建+标准化，提升基层应急管理能力［N］.中国应急管理报，2020-10-23（007）.

［17］富强.加强基层应急管理能力建设 有效提升基层应急管理效能［N］.中国应急管理报，2021-03-09（002）.

四、网络资料类

［1］政治局就健全公共安全体系进行第二十三次集体学习［EB/OL］.（2015-05-31）.http：//china.cnr.cn/news/20150531/t20150531_518694433.shtml

［2］中国统计年鉴［EB/OL］.http：//www.stats.gov.cn/tjsj/ndsj/

［3］应急管理部发布2022年10月全国自然灾害情况［EB/OL］.https：//www.mem.gov.cn/xw/yjglbgzdt/202211/t20221104_425890.shtml

［4］2015年全国综合减灾示范社区公示公告［EB/OL］.https：//www.ndrcc.org.cn/tzgg/12297.jhtml

［5］2016年度全国综合减灾示范社区公示公告［EB/OL］.http：//www.gov.cn/xinwen/2016-11/14/content_5132394.htm

［6］2017年全国综合减灾示范社区公示公告［EB/OL］. https：//www.mca. gov. cn/article/xw/tzgg/201712/20171215006995. shtml

［7］2018年度全国综合减灾示范社区公示公告［EB/OL］. http：//www.aqsc. cn/news/201901/16/c97821. html

［8］2019年全国综合减灾示范社区公示公告［EB/OL］. https：//www.mem. gov. cn/gk/tzgg/yjbgg/201912/t20191219_342467. shtml

［9］2020年全国综合减灾示范社区公示公告［EB/OL］. https：//www.mem. gov. cn/gk/zfxxgkpt/fdzdgknr/202102/t20210207_379798. shtml

［10］2021年全国综合减灾示范社区公示公告［EB/OL］. https：//www.mem. gov. cn/gk/zfxxgkpt/fdzdgknr/202211/t20221114_426736. shtml

［11］德国志愿服务情况报告［EB/OL］.（2012-01-12）. http：//www.zgzyz. org. cn/content/2012-01/12/content_5528289. htm.

五、英文文献

［1］GAROFALO J. The Fear of Crime：Causes and consequences［J］. The Journal of Cr-iminal Law and Criminology，1981，72（2）：839-857.

［2］MAXFIELD，M. G. Fear of crime in England and Wales［M］. London：Her Majesty，s Stationnery Office，1984.

［3］ERRARO K. F，GRANGE RL. The Measurement of Fear of Crime［J］. Sociological Inquiry，1987，57（1）：2.

［4］MASLOW A H，HIRSH E，STEIN M，et AL. A clinically derived test for measur-ing psychological security-insecurity［J］. The Journal of general psychology，1945，33（1）：21-41.

［5］HALE，C. Fear of Crime：A Review of the Literature［J］. International Review of Vi-ctimology. 1996，4（2）：79-150.

［6］CHRISMAS R. The people are the police：building trust with Aboriginal communitiesin contemporary Canadian Society［J］. Canadian Public Administration，2012，55（3）：451-470.

［7］FELTES T. Community-oriented policing in Germany: training and education［J］. Polic-ing: An International Journal of Police Strategies & Management, 2002, 25（1）: 48-59.

［8］VERMA A. Policing public order in India［J］. Int, J. Police Sci. & Mgmt., 2000（3）: 213.

［9］NALLA M K. Relations between police and private security officers in South Korea［J］. Policing: An International Journal of Police Strategies & Management, 2006, 29（3）: 482-497.

［10］Mizan R. Khan and M. Ashiqur Rahman. Partnership approach to disaster management in Bangladesh: a critical policy assessment［J］. Natural Hazards, 2007, 41（2）.

［11］Park Eun-Seon, Yoon D. K. The value of NGOs in disaster management and governance in South Korea and Japan［J］. International Journal of Disaster Risk Reduction, 2022.

［12］ABDULLAH A, MARZBALI M H, WOOLLEY H, ET AL. Testing for Individ-ual Factors for the Fear of Crime Using a Multiple Indicator-multiple Cause Model［J］. Eur-opean Journal on Criminal Policy&Research, 2014, 20（1）: 1-22.

［13］BRUNTON_SMITH I, STURGIS P. Do Neighborhoods Generate Fear of Crime? An Empirical Test Using the British Crime Survey［J］. Criminology, 2011, 49（2）: 331-369.

感　谢

　　本书在长期开展的系列研究过程中，受到了重庆市社会科学规划青年项目"组建应急管理部背景下社区公共安全风险防控新机制研究"（项目编号：2018QNGL31）、重庆市社会科学规划青年项目"城镇老旧社区公共安全多重风险防控机制创新研究"（项目编号：2020QNGL30）等课题的资助。在即将付梓之际，表达四层感谢：首先，衷心感谢课题组成员等同志的帮助和支持；其次，衷心感谢重庆市、区县应急管理局等相关单位对本书给予的调研支持，使得本书获得了丰富的研究素材、研究案例、研究数据；再次，衷心感谢父母、家属等，替我全方位做好家庭后勤保障工作；最后，衷心感谢吉林大学出版社的黄国彬编辑和团队对本书倾注的心血和提出的宝贵建议。同时由于能力和水平有限，本书缺点和错误在所难免，加之基层应急管理实践性、操作性强，欢迎广大研究同行、应急管理工作者和广大读者在使用和阅读过程中，提出宝贵意见，以帮助我们不断提高书稿质量，共同推动基层应急管理事业发展。

孙　雪

2023年5月于重庆市委党校